视觉传达中的新民艺文创设计

康鑫 著

吉林大学出版社

长春

图书在版编目（CIP）数据

视觉传达中的新民艺文创设计 / 康鑫著.-- 长春：
吉林大学出版社, 2020.10
ISBN 978-7-5692-7360-1

Ⅰ.①视… Ⅱ.①康… Ⅲ.①民族艺术—文化产品—
产品设计—研究—中国②民间艺术—文化产品—产品设计
—研究—中国 Ⅳ.①G124

中国版本图书馆 CIP 数据核字(2020)第 201232 号

书　　名　视觉传达中的新民艺文创设计
　　　　　SHIJUE CHUANDA ZHONG DE XINMINYI WENCHUANG SHEJI

作　　者　康鑫　著
策划编辑　李承章
责任编辑　周婷
责任校对　单海霞
装帧设计　吴志宇
出版发行　吉林大学出版社
社　　址　长春市朝阳区明德路 501 号
邮政编码　130021
发行电话　0431-89580028/29/21
网　　址　http://www.jlup.com.cn
电子邮箱　jdcbs@jlu.edu.cn
印　　刷　北京市兴怀印刷厂
开　　本　710 毫米×1000 毫米　1/16
印　　张　12.5
字　　数　213 千字
版　　次　2021 年 4 月　第 1 版
印　　次　2021 年 4 月　第 1 次
书　　号　ISBN 978-7-5692-7360-1
定　　价　79.00 元

前　　言

进入 21 世纪以来，文化创意产业已成为当今世界经济模式中最活跃、最有影响力的产业形式。从美国动画片《花木兰》到《功夫熊猫》，再到国产动画《哪吒》，可以看出，中国的民族文化元素创造了独具匠心的经济价值和文化价值，令国人为之惊叹。世界经济的一体化标志着文化资产一体化的趋向，这究竟是机遇还是挑战呢？不可阻挡的时代潮流向每一个从事艺术设计工作的人们提出了一系列直接而深刻的疑问，值得人们思考！

传统设计理念和传统设计方法是一套完整的创造体系，需要予以全面的认识和理解，才能从中找到传承的规律。然而，"千里之行始于足下"，所有的成功都始于足下，所有成就都源自不断的实践和努力。建立在高度发展的经济技术基础上的现代设计体系，以及现代创造方法不仅为传统民艺的创新拓展了视野，还提供了技术上的有力支撑，现代造型理论和造型方法如能与东方传统构思理念与创造方法巧妙融合，对民艺的再创造和现代延伸具有重要的指导意义。

中国传统艺术和造物文化历经数千年的发展，内容极其丰富，品类庞大，对传统文化艺术的传承需要几代人长期的努力。自改革开放以来，与飞速发展的经济形式相比，我国的民族艺术设计教育发展迟缓，相关的师资也严重不足，因此，不少学校也没有能力开设民族艺术设计教学。包头师范学院美术学院的"民艺设计"教学由于课时有限、课程设置本身不完善，在教学上对中国民族传统艺术和造物文化的知识，难以深入地予以介绍和讲述，也无法安排有关材料应用及工艺技术方面的训练，这本书作为笔者多年研究成果的总结，如果能给读者在文创设计上带来一定的启发，笔者足以自慰！

本书共分为七章对视觉传达及其视野下的新民艺设计进行了分析，主要内容包括：视觉传达设计概述与要素分析、新民艺文创设计中的图形、中国传统艺术与现代视觉设计、新民艺图形设计的原则与方法、基于"民艺元素"的创新设计、民族文化元素在现代文创设计中的应用、新民艺元素在视觉传达文创设计中的应用案例等内容。

在撰写本书的过程中，虽力求精准，但事难完美，限于水平和时间因素，本书中可能会存在一些瑕疵和遗漏之处，希望广大读者积极指正！

作　者

2020 年 6 月

目　　录

第一章 视觉传达设计概述与要素分析

随着经济的发展和科技的进步，世界已经进入了知识经济时代，在知识经济时代，设计水平是体现一个国家科学文化发展水平的重要标志。根据科学研究发现，目前人类获取信息的主要途径是视觉和听觉，其中视觉获取的信息占据了绝对优势。甚至我们可以说信息之所以能进行传播，主要原因是因为人眼能接收信息。眼睛能视物，这是绝大部分动物的一种生存手段，但是在智慧高度发达的人类群体中，视觉不仅仅承担着维持基本生存的功能，还承担着接收信息的职能。

在视觉传达设计中，人们将形式与内容、物质与精神、实然存在与虚无存在以图形、图像的方式表现出来，并传递给希望接收该信息的人，为其带去美的享受和精神上的愉悦。这些视觉样式超越人类语言和文化障碍的存在，是一种思维性的本质共识，这里我们对视觉传达的相关概念和要素进行全方位的分析和研究。

第一节 视觉传达设计的基本认识与发展演变

一、视觉传达设计的概念

应用造型手段与设计手段，将某些信息通过某种特定的渠道和媒介进行传达的一种设计活动。在这种设计活动当中所产生的具有审美价值和传播效果的艺术特色，就是视觉传达设计。在视觉传达设计活动当中，最主要的传达方式就是图形的轮廓、色彩、影像、整体、构图等方法，其原理是通过这些要素刺激人的视觉系统，从而让人产生强烈的视觉印象。视觉传达的目的不仅仅是将信息准确传递给想要观看的人，还要产生一定的审美效果。

二、视觉传达设计的生理和心理基础

（一）视觉传达的生理基础

触觉、嗅觉、感觉和视觉等是人类感受世界的主要方式与手段。在这些感知世界的方法和手段中，视觉是最基本也是最主要的获取信息和感知世界的方法。人类的感官系统能在大脑的控制下，能有效地对周围的环境进行感知，并对环境中的能量输入以及信息事物进行选择性的接收和处理。人的视觉的产生是一种相互作用的结果，人类能捕捉到事物的影像，通过视觉神经传递到大脑进行信息处理，外界的事物以及信息通过视觉进行传达时，眼睛的生理功能在视觉传达的整个过程中起到了决定性的作用。人的眼睛对光线极为敏感，光的敏感受体光源以及其他物体的反射光对眼睛来说是非常重要的，如果没有光线，人类的眼睛也无法捕捉到事物的影像。

1. 视觉的产生

可以说，眼睛是视觉产生的生物基础和生理基础，眼睛通过光学作用利用瞳孔周围的肌肉来控制，通过眼睛光线的强弱，使眼睛能够合理地接受周围环境中反射的光线，将周围环境中的视觉信息相对完整地传入人的大脑当中，照相机的原理与此类似。人的眼睛是两个近似球状的物体，大部分情况下，由于受各种客观因素的影响，人类眼睛的大小并不完全一致，但在大量数据分析下产生的平均结果来看，成年人的眼球垂直直径大约为 23mm，前后直径大约为 24mm。眼眶作为束缚眼球的生理构造，当眼球镶嵌到眼眶当中时，眼球是微向外突出的，突出的高度一般为 12～14mm。在眼睛的生理构造中保护眼球突出部分的生理结构叫眼睑。我们通过眼睛能辨识不同的颜色，当眼睛捕捉到颜色信息之后，视觉神经将其转变成大脑能够识别的信号进而传入大脑当中，由大脑对其进行分析和处理，形成对事物颜色的基本认知是人体中非常重要和非常精密的一个器官，虽然它的体积不大，但是在人体发挥的作用却是不可替代的。下面我们来认识一下眼睛的构造（如图 1-1 所示）。

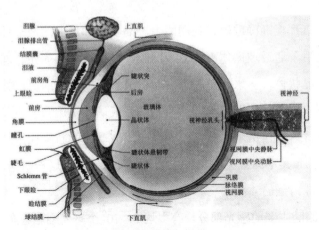

泪腺
泪腺排出管
结膜囊
泪液
前房角
上眼睑
前房
角膜
瞳孔
虹膜
睫毛
Schlemm管
下眼睑
睑结膜
球结膜

上直肌

睫状突
后房
玻璃体
晶状体

睫状体悬韧带
睫状体

下直肌

视神经

视神经乳头

视网膜中央静脉
视网膜中央动脉

巩膜
脉络膜
视网膜

图 1-1　眼睛的结构

眨眼是一种条件反射行为，并且每个人眨眼的频率和时机都有很大的差别，并且是在我们毫无知觉的情况下进行的。眼角膜是一种透明物质，由于眼角膜中没有血管，因此并没有营养供应，通过不同频率的眨眼，眼皮可以将一层泪膜覆盖在眼角膜的表面，为其提供营养。如果眼泪中缺乏营养物质，眼角膜就难得到充足的营养供应，从而变得干燥，影响其透明度，对光线进入眼睛产生影响，视力也会受到影响。

瞳孔括约肌和瞳孔开大肌是虹膜中的两种细小的肌肉，它们的作用也是非常大的，瞳孔括约肌宽不足 1 mm，围绕在瞳孔的周围，它的作用就是在动眼神经中的副交感神经支配下缩小瞳孔，减少光线的进入；而瞳孔开大肌呈放射状排列在虹膜中，在交感神经支配下主管瞳孔的开大，以增加光线进入。在我们用眼睛观察物体的时候，这两条肌肉相互协调，调节瞳孔的大小，从而控制进入眼睛的光线的多少，让我们能更加清晰地看到事物的影像。虹膜的收缩还受到情绪因素的直接影响，很多时候我们会有这种观察体验，当我们专注观察某种自己喜欢的东西时，瞳孔就会不由自主地放大，从而忽略主体，观察事物以外的其他事物，这种现象属于一种正常的生理现象。

晶状体位于瞳孔后面，玻璃体前侧，呈双凸透镜状，它周围连接睫状体，它的作用主要是屈光，保护视网膜还能对一部分紫外线进行过滤。睫状肌控制晶状体的薄厚变化，睫状肌的收缩或松弛能改变屈光度，无论是看远处还是看近处时，眼球聚光的焦点都能准确地落在视网膜上。晶状体和后面的玻璃体相接触。光线通过晶状体之后，通过玻璃体而到达视网膜。玻璃体具有屈光、固定视网膜的作用。玻璃体、晶状体、房水、角膜等一起构成了眼的屈光间质，并且对视网膜和眼球壁起支撑作用，使视网膜与球络膜相贴。玻璃体是透明的凝胶，内部没有血管，它所需的营养来自房水和脉络膜，因此，玻璃体的新陈代谢缓慢，且不能再生，一旦有缺损，其空间就会由房水来填补。眼球最内一层透明的薄膜是视网膜，视网膜约占眼球内壁的 4 / 5。

视网膜是眼睛主要的感光部分，有多达 2×10^9 个感光细胞遍布在视网膜上面，光是分布在视网膜的周围部分的杆状细胞就有约 1.2×10^9 个，而杆状细胞和锥状细胞是视网膜中主要的视觉感光细胞，杆状细胞是暗视觉，对弱光很敏感，当周围光线非常暗时，则只能用杆状细胞看东西。因此视网膜周围部分比中央部分对微弱的光线更加敏感，但不能感受颜色和物体的细节；锥状细胞约 7×10^7 个，主要分布在视网膜的中央部分，呈现黄色，称作黄斑。黄斑里的一个小窝，则称作中央凹。其中全部是锥状细胞。锥状细胞是专门感受强光和颜色刺激的，能够分辨出物体的细节和颜色，在周围是暗光的情况下不起作用。

生活中，有时我们会见到一些患有色盲症的患者，色盲症的生理原因是患者的视网膜上缺少一种或者两种的症状感应细胞，从而造成对某一种或者两种色彩感应的缺失，导致其不能正确地分辨某些颜色。视觉神经穿出眼球的地方叫作盲点，这些地方由于没有感光细胞的存在，因此无法接收和分辨色彩。

2. 信息在视觉传达中的传输

我们知道，视细胞层、双极细胞和节细胞层是视网膜上的感觉层的三个神经元。当某一物体抓住视线的时候，该物体发出的光线会经过角膜、虹膜、晶状体、玻璃体等折光装置，将物体的镜像聚焦在视网膜的中央凹处。进而形成清晰的物象。这种物象信息会对感光细胞也就是锥状细胞和杆状细胞造成一定程度的刺激，进而就会产生相应的化学突变，视网膜的双极细胞接收信号，经过相应的处理，也会产生一系列的化学突变，并将信息传递给神经节细胞（神经节细胞是唯一能够将视网膜处理后的视觉信息编码为神经冲动的细胞）。

3．光线对视觉传达的影响

正是由于刺激的存在，人体才能产生各种各样的感觉，视觉的产生也不例外，这个刺激就是外部的光线。光是由电磁运动引起的，宇宙间充满着各种电磁波，从波长小于几个纳米的宇宙射线到波长长达上千米的无线电波都属于电磁波的范围。人的眼睛并不能感受到所有的电磁波，在这些波长的范围内，只有很小一部分能被人类的视觉感知。视觉所能感知到的电磁振荡刺激是在 400～700nm 的波长之间。400～700nm 的电磁波称为可见光。稍低于 400nm 的电磁波为紫外线，稍高于 700nm 的电磁波是红外线，紫外线和红外线均为不可见光。

（二）视觉传达的心理基础

1．视觉注意力与选择的关系

可以说，人类认知和知觉的起始点就是人的精神注意力，对人的视觉知觉过程来说，外部的刺激并不会完全被眼睛以及大脑等生理器官接受。视觉知觉的产生是因为注意外部刺激的选择性接受，也就是说人的注意力对信息会进行选择性的处理。从信息的接收层面来说，视觉活动的角色一般会更加主动、更加积极、更加活跃。

由于信息是零散地分布在空间中的，当我们观察物体时视觉系统会对信息周围的空间进行搜寻，寻找并抓住自己感兴趣的目标进行重点观察。如果出现了信息分布空间，视觉系统感兴趣的观察对象就会立即对其进行捕捉和观察，然后通过对目标的扫描和信息传输来刺激大脑，大脑同样会做出相应的反应。

对个体来说，他们并不需要接受外部环境中的全部信息，而是需要对这些信息进行筛选，将有用的信息传递给大脑进行信息处理。因此。在视觉观察过程中，大脑会自动忽略那些它认为不重要的信息，重点去分析和处理自己认为重要的信息，因此大脑存储的视觉信息量总是会比视觉系统直接提供的信息少。因此我们在对复杂的景象和图形进行观察和分析的时候，人类的视觉系统会根据图像的具体特征或者是形象特别突出的局部进行重点观察和扫描，并将其中的细节信息传递给大脑，自动忽略次要信息。人的注意力会对准目标信息而忽略其他信息（如图 1-2 和图 1-3 所示）。

图1-2 视觉选择效果　　　　　　　图1-3 相机拍摄效果

（1）关注中的主动关注和被动关注

我们所说的主动关注是视觉系统在大脑的支配下主动对某种事物或者是图像进行观察的行为。主动关注是在人的主动意识的控制下，所产生的一种有目的性的视觉观察行为，是人们认识世界的重要观察行为。当大脑具有较强的意志时，注意力也会相应地提高，如果大脑对某件事情不关注这些注意力也会相应地降低（如图1-4所示）。

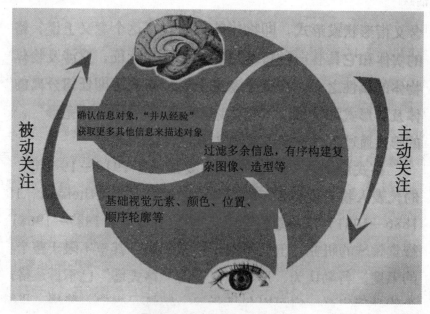

图1-4 被动关注与主动关注

我们知道，分布在外界空间中的信息数量非常庞大，并且关系错综复杂，但人视力的观察范围和人的注意力是有限的。如果信息的处理量超过大脑的处理能力，人的注意力就会做出相应的反应，这时候我们应该停下来休息一下，当我们重新观察事物时，要将注意力集中在重点观察部位。对人的视觉系统或者注意力造成影响的因素有很多，其中较为突出的就是人的兴趣爱好，有研究表明人在对自己感兴趣或者喜爱的事物进行观察和搜集信息时，注意力非常集中。

被动关注的产生与主动关注的产生的过程是相反的，被动关注的产生往往是由于受到外界环境的某种刺激而引起的视觉注意以及大脑关注。当人们处在相对稳定的视觉观察环境中时，如果突然出现某种不稳定的要素，视线就会迅速关注这种突然出现的不稳定要素，并形成视觉信号，交由大脑进行分析和处理。

被观察对象的颜色、空间位置、排列顺序、外形轮廓等信息是最基本的视觉观察元素，这些信息被视觉系统转化为视觉信号传递给大脑，通过大脑的分析，对事物的基本性质进行界定，形成概念性的认知，当再次捕获到相关信息时，大脑会迅速做出反应。

（2）经验的重要性

人的感觉能力分为先天感觉能力和后天感觉能力，后天感觉能力的养成与人的生活阅历，以及后天的知识积累和情感体验有着非常重要的联系，有时候甚至会对人的心理产生影响。一般来说阅历不同和经验不同的人，在看同一个事物时，会有不同的视觉体验和心理体验（如图1-5和图1-6所示）。在观察模棱两可的视像时，人们就可以按照自己的知识积累、认识经验、个人意愿，用不同的结构样式和观察经验对事物信息进行处理。这种潜意识中存在的观察经验会对人的视觉观察产生双重影响，有时候这种经验式的观察能快速帮助人们认识某种事物，提供正确的认识。但是有时候这种固有的观察经验会对人们认识某种事物形成阻碍，经验式的观察会导致人们对某些细微观察之处的忽略，从而使得人们对某些事物的认识不够全面、不够准确。

图 1-5　立体感平面设计

图 1-6　平面宣传海报

2. 格式塔理论

　　1912 年，德国的多位学者在经过长时间的研究之后提出了格式塔心理学。"格式塔"是德文 gestalt 的译音，格式塔理论主要有两方面的内涵。第一种内涵是表层认识，也就是物体的外在，即物体的真实形状。另外一种解释是其隐身意义并不是指某一种具体的食物，而是指与之形状、内涵等要素相关联的其他形状或其他特质的事物。如果我们从第二层含义来看一个事物，可以有多种属性和多种形式。综合这两个方面的内涵，我们可以看出格式塔理论实际上应该是指物体的形式及其特征的综合。格式塔理论实际上是描述的视觉，将看到的信息通过形象思维对其进行有意义的造型组合。

格式塔心理学派的著名论点是"整体大于部分之和"，这种论点主要存在于1912 年到 1949 年的 30 多年的时间里。这种学派的主要代表人物有麦克斯·韦德海默（Max Wertheimer，1880—1943）、考夫卡（Kurt Koffka，1886—1941）、科勒（Wolfgang Koeler，1887—1968）和登尔卡等人。在格式塔理论学派中，心理学家认为，认知与眼睛相比能觉察到更多的信息和细微之处，视觉的认知作用要小于知觉；在经验现象里，任何一种成分都不是独立存在的，对其的认知可能存在于我们之前认识事物的某些特质，也就是说这些成分的存在都是相互关联的，不存在独立的事物，各个部分之间相互联系、相互作用，形成了一个综合性的整体。事物的终极形象有其独特的完整性，这是其他简单的元素组合所不能比拟的，因为事物形象是众多简单元素的集合体，从这一层意义上来说就是"整体多于部分之和"。

考夫卡认为，世界这个概念，对社会经验和生活经验不同的人来说是不一样的，这是基本的哲学理念和基本规律。如果我们按着这句话的意思进行延伸，可以理解为物理世界与人们认知中的经验世界存在非常大的不同，甚至存在着根本上的差别。观察者知觉现实的观念称为心理场（如图 1-7 所示），被知觉的现实称为物理场（如图 1-8 所示）。

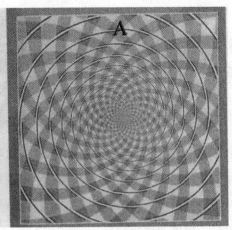

图 1-7 心理场　　　　　　　　　　　　图 1-8 物理场

图 1-8 是我们非常熟悉的视错觉图案的经典。观察者观看图 1-7 时，无论观

看多长时间，都会认为线条是从图案的外部盘旋向图像中心的。这种螺旋效应是一种非常著名的视觉偏差错觉，属于心理场的研究范畴。而图 1-8 或许看得更清楚一些，观察者如果从 A 处开始，一直沿着其所在的线条行进 360°的旋转，就又会回到 A 处，因此，我们视觉上认为的螺旋其实就是圆周，这就是物理场。

上面的例子就完美诠释了心理场和物理场在人们认知中的不同，二者虽然有着非常紧密的关联，但他们之间并不是一一对应的映射关系。从心理学上来说，两者都会对人的心理活动和观察产生一定的影响，二者通过结合甚至可以形成一个全新的物场。同一种事物在不同人的眼中可能会产生完全不一样的感觉，这种现象非常普遍，也是心理学研究的一个重要课题。考夫卡认为人们在生活中无意识观察到的经验，都具有格式塔的特点，都属于心理场和同型论。以心物场和同型论为格式塔总纲，由此派生出若干亚原则，称为组织律，考夫卡认为每个人都是依照组织律经验到有意义的知觉场的。这里的组织律经验，这里所说的组织纪律经验，可以理解为人类与生俱来的对事物认识的一种规律，这种认识方式是天生的、本能的、无意识的，我们甚至不能通过主动意识去干预其存在，更难以通过主动意识去干预这种认识事物的方式。

格式塔心理学对人的观察和视觉直觉进行了非常深入的研究，总结出了很多人们在进行视觉观察时，视觉神经系统的认识规则，又称为完形法则。心理学家所做的这些研究，为视觉艺术以及视觉分析等方面提供了非常丰富的研究素材和应用借鉴。

（1）图形与背景

在大部分的视觉传达作品设计中，一定会有某一种特殊的形态或者特殊的色彩在整幅画面中凸显出来，并通过视觉观察系统刺激人的大脑，使人形成深刻的印象（如图 1-9 至图 1-13 所示）。一般来说，图形与背景的区别越大，区分程度越明显使图形就越有可能成为知觉的对象，被眼睛重点观察，被大脑重点分析。相反，如果图形与背景的区别比较小，区分程度不明显，出现这种差异化认知画面与事物的视觉现象出现的概率就会比较小。因此在设计一些需要突出某些重点色彩或重点区域的图形时，要采用区分背景、明确轮廓、明暗对比等设计手法来实现这一艺术表现方式。例如，图 1-9 至图 1-13 图形与背景的区分度由强到弱，5 个图形的明暗轮廓与层次由清晰逐渐变得复杂。

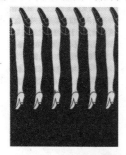 

　　图 1-9　福田雄峙作品　　　　　　　图 1-10　埃舍尔作品（一）

　图 1-11　埃舍尔作品（二）　　　图 1-12　埃舍尔作品（三）

图 1-13　埃舍尔作品（四）

　　上面这几幅图有一个共同的特征是图案以背景互为图解，相互衬托，通过强烈的明暗对比和色彩差异来突出图形的特点。

　　（2）接近性和连续性

　　在图形构造中，一些在空间距离上比较接近或者距离比较短的，更容易被当作一个整体来对待（如图 1-14 和图 1-15 所示），我们的观察图案是将距离较短的断开部分的图形进行联合，将其作为一个整体来看待，虽然这是一种视觉倾向，并且有其他线段或者是点的设计，但是我们仍然可以将距离相近的部分构造成一个图像。在图形的设计中也遵循相似的原则，即使省略熟悉的图形的某些部分，人的大脑依然可以根据视觉经验，感觉到它们的存在，并且将缺失的部分补充完整，构成一个完整的图形（如图 1-16 和图 1-17 所示）。这种设计手法是在射击活动中经常使用的一种手法，不仅可以增加画面的留白空间，增添丰富的想象，还可以体现设计者的巧思。

图 1-14　图形的省略（一）

图 1-15　图形的省略（二）

图 1-16　图形的省略（三）

图 1-17　图形的省略（四）

（3）完整和闭合倾向

随着环境的不同，图形也会发生不同方向、不同程度的变化，但成像出来的形式都相对完整，完整的影像信息能被我们的大脑捕获。在图形构造中，如果两个被分开的构图子部分彼此之间存在某些固定的关联，给人的印象就是相互关联的两个部分，在视觉传达与大脑的数据分析中很容易将其当作一个整体来处理。相反，如果是被分开了的构图，则彼此之间不存在某些固定的联系，或者是相互独立的两个部分，那么在视觉传达中，当视觉信息被捕获后，大脑不会将二者当作一个整体进行分析和处理。这一点说明，对知觉者来说，心理推论倾向会在很大程度上影响人们对视觉信息的认知以及对图形构造的理解，即使图形是有缺口的，那么大脑也很容易将缺口补齐将其当作完整的视觉图像（如图1-18所示）。即使设计者有意地将图形字母设计得不完整，但是在知觉者的心理图形上的字母仍是完整的。

图 1-18　有缺口的图形

（4）相似性

在视觉传达中如果构成图像的各个部分距离大致相同，但颜色上有所差异，那么在视觉认知上，人们很容易将颜色相同的部分默认成是一个单独的整体，大脑会将其当作一个整体图像来进行信息处理（如图1-19所示）。

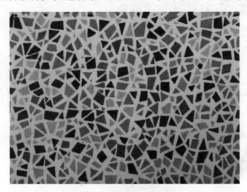

图 1-19　色彩相似图形

（5）转换律

同情理论的基本原理与格式塔理论有相似之处，而且是属于同一种刺激类型，所以无论格式塔发生何种形式的变化，人们在形成固定的视觉思维和视觉认知经验之后，通常很难发生改变。如图 1-20 中的字母 A 虽经过各种变形处理，但字母 A 的基本特征依然存在，大脑会根据往常的视觉经验，对图像信息进行分析，人们依然能清晰地识别出二者的区别并对二者进行区分，从图像当中获取字母 A 的信息。

（6）共同方向移动

一个图像整体中的构成部分，如果以整体的形式向同一个方向发生一定程度的位移，由于它们之间具有高度的一致性和协调性，那么给人们的感觉就是它们仍然是一个整体，大脑仍然会进行整体化的构图处理。

总结以上几点我们可以得知，大脑对图形进行整体化处理以及对缺失部分进行自动补充的前提是人们对部分和整体之间有相对固定的认知，大脑当中已经存在整体图形的基本影像。也就是说，如果我们对某一个陌生的图形和某一个陌生的事物进行视觉观察时，即使其中间缺少某一部分，或者是对整体进行过不同程度的变形，我们的大脑很难进行识别，理论上是不可能识别出观察物的。有些时候，即使我们对某些事物有整体性的认知，让我们抽出其中的某个部分进行单独识别时，我们很难从局部对整体的全貌进行想象与构图，这是因为我们对事物整体构成部分的细节观察不够细致，甚至对某些细节没有形成视觉认知和视觉经验。因此会出现这种难以进行整体认知的现象。

图 1-20　字母 A 的各种设计

3．知觉的恒常性

知觉的恒常性是指在一定的变化范围和一定程度的变形范围内，如果知觉的条件或者知觉的对象发生某种程度的变化，大脑对其的印象仍然会保持不变，我们可以通过变形的事物还原事物原本的形象。

（1）大小恒常性

根据物理学原理以及视网膜的成像规律，当物体离我们越近时形成的影像就越大，当我们离被观察的物体越远时形成的影像就越小。但是从视觉经验范围内来谈，在视觉的认知范围内的一定距离中，无论是观察物距离我们多远，我们对其影像的认知都是固定的。也就是说在我们形成的固定视觉认知范围内，事物的大小是不会随着我们视觉认知的远近发生变化的。

（2）形状恒常性

在观察同一个物体时，观察者所处的位置和角度不同，事物本身在我们大脑中的印象是有所区别的，并且随着角度差异的增大，变化的程度也会越来越大，甚至与事物原本的形象产生非常大的反差。虽然观察的角度不同会形成不同的影像认知，但只要在我们视觉认知的角度范围内，无论其角度如何发生变化，大脑都会呈现出清晰、正面的画面，其形状是恒定的。

（3）明度恒常性

外部的光照条件发生变化时，人们在视觉认知上认为事物表面的明度是不会随着光照条件的改变而产生变化的，在大脑的认知中事物表面的明度是不会发生任何程度的变化的。比如当我们观察一面白色的墙时，无论是在月光下还是在日光下，我们都认为墙是白色的，观察煤块时无论是在日光下还是在月光下，我们看到的煤块都是黑色的。从科学的角度说，物体反射阳光的量是反射月光量的80万倍，但是从视觉认识角度来说，我们看到的墙仍然是白色的，煤炭也依然是黑色的。这一点充分说明我们看得到的物体的明度不取决于照明的条件，而是取决于反射的系数。

（4）颜色恒常性

如果一个物体本身是有颜色的，那么无论在任何照明条件下，它的颜色都是保持相对不变的，比如我们用蓝光照射到白色的物体上时，物体仍然呈现出白色，不会随着光照条件而发生变化。

在人们的日常生活和工作中，视觉的恒常性具有非常高的应用价值和现实意义。正是由于视觉恒常性的存在，我们才可以对事物形成某些固定性、规律性的认识。如果说，视觉的恒常性不存在，我们对事物的认识会随着外界条件的变化而产生变化，我们就不能从自然界中获取任何准确的信息，从中抽象和提炼出的事物的认识规律也就是无稽之谈。

三、视觉传达设计的特征

在进行视觉传达的图像设计过程中，一定要将事物最本质、最突出的特点蕴含在其中，因为我们的大脑可以通过这些突出的特征，对事物进行精准的定位和识别。此外，突出的特点和形象特征，会使作品的艺术特色更加突出，内容更加丰满，情感表达更加流畅，会得到人们的认可和喜爱。

（一）可视性

应该说，可视性是所有的设计类产品进行推广的第一个条件，当然在视觉传达设计中，可视性也是一个首要的条件，这是视觉传达具有传播意义和推广价值的基础。不管是在自然界中还是在我们生存的人类社会中，由于我们对事物的本质与内部变化有恒定性的认识，因此在进行视觉传达时，我们要抓住事物的本质，通过变化表象来巧妙地反映自然界中一些难以具体表达的事物。事物本质的恒定性，为我们传达那些不可视的信息提供了基础条件，我们可以通过设计可视化的符号来对其进行形象的表达，使观看者能从中获取不可见的事物的信息，从而达到传播的目的。

换句话说，视觉传达更像是一种媒介，将自然界和人类社会中一些不可见的信息，通过可视化的视觉设计传递给受众，让人们从中体会其中的情感变化。例如，情绪和情感是没有具体的外形的，但是情绪和情感可以通过人们的面部表情和肢体动作进行形象的表达，在视觉传达中可以通过人物的表情变化以及肢体语言对情绪进行可视化的描绘和表达，让人们体会到蕴含在其中的喜怒哀乐。

（二）　语义性

在视觉传达的整个过程中，最关键的两个组成部分是信息的传达和信息的接收，实际上信息的观察者是否能接收并且乐意接收视觉传达图像，所表达的信息是视觉传达设计是否成功的基本标准。如果一件视觉传达的作品，仅仅能给人在外形方面的感官刺激，不能承载其所要表达的情感和蕴含的其他信息，那么这不是一件成功的设计作品。

从视觉生理上说，如果视觉系统对某一种事物处于一种难以理解和难以捕捉的状态，那么大脑在处理信息时就会形成非常多的信息缺口，在信息交流和表达时也会存在非常多的障碍。当这种问题出现在视觉表达的设计作品中时，常常是由于作品的表达逻辑不符合视觉逻辑。形状和颜色的搭配存在模糊性，对普通的观赏者来说，这些都是难以逾越的视觉鸿沟，这样的作品，我们可以说它是不具备一定的传播效果和艺术表现力的且语义性不足。

此外，在视觉传达设计的过程中，作品的设计逻辑和视觉逻辑是非常重要的，因为逻辑性是大脑分析和认识事物的基础性条件，如果逻辑不清或者逻辑错误，视觉系统捕捉到信息传递给大脑后，大脑很难对其进行科学的分析与认识。作品的语义混乱，作品所蕴含的信息也就很难清楚地得到表达，在设计领域中，作品的基本功能也就没有得到实现。

（三）　象征性

传达信息的一个基本途径就是我们平常所说的"借象寓意"，实际上说的就是作品的象征性。

象征图形就是把某一种抽象的概念或者抽象的情感情绪用具体的物象进行表达，让人们能从具体的物象中体会到情绪的变化和感情的变化。在视觉传达设计中，不同的意象代表着不同的情感和不同的象征意义，荷花象征着高洁，梅花象征着建议，狼一般象征着凶狠，狐狸象征着狡诈，事实上不管是哪种情感，都是我们不可忽视的一个情感表达概念,通过这些具体物象的描绘和性格特点的突出，来将某些不可视的事物进行具体化的体现。

在视觉传达的作品设计中，象征性使用范围最广的领域一般是企业标志或者是一些形象 logo 的设计，因为这些视觉传达作品需要高度的抽象，如果不借用象征意义，很难表现出其中所蕴含的企业文化和精神内涵。一般来说，在这些形象设计的表达上，我们通常会采用一种比较大众化或者约定俗成的代表意向来进行情感的叙述和感情的表达，甚至在很多时候，这种象征性的物象与企业的形象或者内容关系不是十分紧密，但是从心理层面上来说，更能体现出企业的文化特征和经营特征。

（四） 美感性

图形中的文字，图形的色彩以及图像本身是视觉传达中可视画的直接要素，也是视觉传达中的基本组成部分，在世界传达的设计中具有非常重要的意义。在整幅作品的设计中，通过这三种要素的平衡和合理设计，使整幅画面协调、匀称，给作品的观看者以美的视觉享受和情感体验。

不同的设计元素有不同的设计规则和设计技巧，如果设计者不能将这些元素进行合理的组合和比例搭配，各个要素之间会出现一定程度的不平衡，对作品整体的观感会造成不良的影响。这一点充分说明，在视觉传达设计中要充分注重作品的美感，这种美感不仅仅是形式上的美感，还包括作品精神内涵的美感，通过表象化的视觉刺激，产生心理上的共鸣，使观看者能对作品留下深刻的印象，起到传播推广的作用。

四、视觉传达设计的发展历史

（一） 文字——最初的视觉信号系统

对人类语言起源的研究可以说一直没有停止过，但是到目前为止并没有达成一种统一的说法。鲁迅在《门外文谈》一文中说道："我们的祖先原始人，原是连话也不会说的，为了共同劳作，必须发表意见，才渐渐地练出复杂的声音来……"。

1. 视觉传达中的语言

在信息的表达与传播当中，第一次的革命性变革就是人类语言的产生，因为语言是不同个体之间进行信息交流的媒介和桥梁。在没有语言的远古时代，人们交流的方式是通过特定的信息符号和信息元素来进行的，这些元素，包括手势、声音、气味等，具有非常高的原始性和本能性，与自然界中的动物没有本质上的区别。人类是一种群居性的社会群体，在原始社会中原始的人类需要通过集体行动保证生存，而狩猎是一项合作性非常强，必须进行交流和信息沟通的集体行动，这也是促使人类语言产生的原始动力。在最开始时也没有语言，彼此之间通过眼神动作来进行信息的交流，形成默契的配合，从而打败或者是抓捕野兽。随着时间的推移，人类不断地进化，原始人类开始通过舞蹈、音乐、焰火以及一些简单的图形来表达信息。在经历了千百年的时间推移和人类进化，人类才开始从动物性的信息交流中解脱出来，进行语言交流。语言的诞生对人类产生了非常重大的影响，因为积累下经验的原始人可以将自己的生活经验和狩猎经验，通过语言传递给幼年的人，人类的知识开始一点一点地积累起来。时至今日已然在我们的社会生活中发挥着巨大的作用，人类的交流仍然离不开语言，语言在人类信息交流中的作用是不可替代的。在录音技术出现之前，人类传递信息的主要手段是口头表达和文字记录，口头表达具有一定的时间和空间局限性，很难进行长期的保存，因此它只适用于人与人面对面形式的信息交流，如果空间距离过大或者是时间间隔比较长，那么信息表达的效果就会大打折扣。为了摆脱利用声音进行信息传达的局限性，人类发明了文字，文字的发明使得人类进行信息交流和信息传递的效率和效果得到了很大的提升，但是文字表达的局限性是，不认识文字的人根本无法解读文字中的信息，不可能所有人都学习文字，文字表达也具有其局限性。

2. 视觉传达中的文字

为了能更好地保存信息，传递信息，文字应运而生，通过文字的传承和文字的记载，利用这种符号化的手段对信息进行保存，信息保存的时间得到了非常大的提升，信息传播的准确性也得到了有效的保障。很多文字都是从图形当中简化和演变而来的，可以说文字是最早的一种图形记载和图形艺术。当然并不是所有的对话信息都进化成了语言这种信息记载形式，图形还有一个发展方向就是图形艺术。图形艺术只能记载信息，很难传达情感的缺点。很多民族都利用图形演变出了文字，但是系统化的形成语言，使用文字，学习文字、记录文字的民族却很少，并且很多民族都由于自然条件或者某些社会因素消失在了历史长河中。

以历经六千年变化的汉字为例，汉字的演变经历了数千年，其大致的过程是：甲骨文—金文—小篆—隶书—楷书—草书—行书（如图1-21所示）。通过对汉字演变历史的分析和归纳，大致可以将汉字的发展历程分为5个阶段，第一个阶段是声，第二个阶段是行，第三个阶段是象，第四个阶段是数，第5个阶段是理。这里我们对声进行一个简单的分析和介绍，声音是任何一种语言都需要组成的部分，因为只有通过发音才能辨别不同的文字，方便快捷地传递信息并进行交流。在漫长而遥远的远古时代，人类从本能的哭声、笑声中抽象出图像信息，再后来从自然界的虫鸣鸟叫雷声，雨声中抽象出图像信息，并逐渐演化出固定的图像，形成最早期的文字。语音系统进化到现在，是一个已经具有1600多种声音的复杂表达系统和信息交流系统。

图1-21　鱼字的演变

（二）印刷术的发明与视觉传达设计

中国的四大发明为人类文明的进步做出了非常大的贡献，印刷术是中国的四大发明之一，印刷术开启了信息传播的大众时代。因为印刷术能够方便快捷地进行文字的复制和印刷，自从印刷术发明之后，人类很多的科技成果开始进行批量化的保存，人类在文明发展进程当中的经验也得以保存，一些重大的科学发现也很少失传。

　　活字印刷术是印刷术的进步，活字印刷术促进了文字的扩展范围，同时也加快了文字呈现的速度和信息载体的复制速度。随着中国的印刷术的发展，从世界范围内来讲，信息的表达和传递得到了加强。在印刷术真正普及到欧洲是在 15 世纪中期，这段时间正好处于欧洲文艺复兴时期，印刷术的推广为思想的传播提供了非常便利的条件。

　　15 世纪 30 年代到 40 年代，致力于印刷术探索的德国人 J. 谷登堡用模型铸制铅合金活字排成版面印刷，并参照酿酒工艺用压榨架结构，制成木质印刷架，印刷书页。复制的字模形式整齐，结构统一，一次排版可以印出非常多的印张，能节省大量的时间和人力，因此很多国家都开始推广并使用这种印刷方法，促进了信息的传播。

　　印刷术的发明和广泛应用，使书籍这种信息载体，能被大量地进行复制，书籍数量的增加，加强了因各种原因而造成信息丢失的风险，因此信息能得到更大范围的传播和更长时间的保存。

　　随着印刷技术的提升，在印刷插图书籍中也开始使用印刷术，促进了欧洲的版画艺术的发展，直到今日二者之间在某些创造风格和艺术形式上有非常多的相似之处。到了 19 世纪中期，人们仍然需要通过版画的制作来传递某些信息，进行大量的素描绘画、印刷品，甚至早期相片的复制。直到 19 世纪后期，工艺的发展，使得人工雕版这种效率低下的制版方式被淘汰，受益于制版工艺的提升，印刷品的质量和速度也得到了一次质的飞跃。

　　1796 年，塞纳菲尔德（Alois Seneflder）发明了石版印刷，在这种印刷技术的基础上，平板印刷术开始出现，他是用图文与空白部分处在同一个平面上进行反面印刷。顾名思义，石板印刷的板材一般都是石头，以石板为主，将图文直接用脂肪性的物质书写在石板上面，这种基础板被称为绘板或者是绘石。可以通过照相、转写纸、转写墨等技术将图文间接地转移到石板上，这个技术过程称为"落石"。

　　1859 年，奥司旁（John W. Osborne）将制版照相术应用于石版印刷，在这个基础上发明了照相石印刷技术。进而发明了照相石印。照相石印可以分为两种，一种是单色照相石印，另一种是彩色照相石印。从我国技术应用历史来看，单色照相实验技术传入中国的时间比较早，因此在早期中国石印印刷的书籍多采用单色石印技术。

19 世纪的照相印刷制版技术和石版印刷技术催生出了多种视觉传达形式，比如广告高铁的设计以及现代平面设计、书籍装帧设计等视觉传达的基本应用领域。印刷技术的不断革新是图形与文字这两种基本的视觉传达要素，一次又一次的变化，一次又一次的更新，使视觉传达艺术在一次次的印刷技术革命中不断地向前发展，其艺术表现能力也达到了新的高度。

为了使社会群众能更好地接受商业工业以及其他生产领域生产的产品，最好采用一种接近人们日常生活的信息符号的推广表达形式。而视觉传达正是通过大众化的文字和图形设计对产品进行推广，这适应了工业发展的时代需求，因此视觉传达得到了非常快的发展，并逐渐成为工商业产品推广和设计当中不可缺少的一种推广手段。视觉传达的发展催生了现代设计产业，设计产业正是在这样的背景下不断发展，不断变化，直至形成我们今天所看到的现代设计。

（三）多媒体信息时代下视觉传达设计发展新趋势

19 世纪是人类文明发展的一个重要阶段，在这个阶段人类实现了从农业文明向工业文明的过渡，人类社会开始进入现代化发展阶段。摄影技术正式产生于这一时期，其产生给印刷领域带来了一种全新的体验，比如将摄影技术与商业设计相结合，使创作的表达领域更广阔，设计的素材更加多样，设计的风格更加变化多端，设计给人的印象更加现代化。拉斯洛·莫豪利一纳吉（Laszlo Moholy Nagy，1895—1946 年）是包豪斯学院教师中最有影响、最有经验的摄影家。他就是最早开始将彩色摄影经营于工商业设计和推广当中的人，1934 年他就开始实验彩色摄影，其主要的应用领域是电影拍摄以及一些工商业广告的推广。

现在，在计算机技术的辅助下，人们只需要轻轻地点击鼠标，就会出现人们想要的图形设计效果，智能化的设计手段使得设计的表现方式更加丰富，整体设计效果更加突出。一些需要非常多的技术手段才能实现的设计效果，现在变得更加简便，设计的创意开始出现井喷式的发展，出现了很多时代经典的设计。

1. 电影与视觉传达

电影是从照相技术中延伸发展出来的，在电影发明之前，人们发现如果一组连续性的图片加快切换速度，那么这些原本静止的图片就会以一种动态效果展现在人们面前。灯影戏的原理与电影的原理基本相似。唐宋以后灯影戏在我国的流传范围已经非常广泛，并获得人们的认可和细化，灯影戏是对光学理论的初级应用与实践。19世纪，随着人们审美的日益提高，静止的、精美的三幅照片已经很难再从感官上对人们产生一种强烈的刺激，人们希望有欣赏动态的图像，因此开始着力研究。在胶片和照相机镜头的出现与发展中，物体的每一个阶段都能被照相机的镜头捕捉到，这为运动成像技术提供了条件，也为电影艺术的产生提供了基础。

摄影师爱德华·幕布里奇最先将"照相法"运用于连续拍摄。在1872到1878年的5年的时间里，他多次运用多架照相机给同一批马进行连续性的运动拍照实验，于1878年取得成功，他将这些图像成功地联系起来，形成了一组动态的运动图片。

从电影诞生到今天已经有100多年的历史了，电影在发行和传播的过程中，能将大量的内容高质量、快节奏地传递给受众，因此电影在现代社会中已经成为一种传递文化的非常重要的途径。电影可以说是图像艺术的集大成技术，集文字美学、音乐美学、舞蹈美学等一体，还是一种美学的集大成艺术作品。电影艺术具有极强的视觉冲击力和感染力，能最大限度地刺激观众的感官，产生一定程度上的共鸣，使传播效果最大化。

2. 电视与视觉传达

电视的产生对人类的信息传递产生了非常重要的影响，这种影响体现在我们的日常生活和工作中的方方面面，在电视的影响下思考问题的平面化视角也开始向立体思维转变。电视将科技艺术有机地融合在了一起，使得人类信息和文化传播的途径更加先进，形式更加丰富，表现力更强。与传统的传播方式相比，电视无论是在传播的效率，还是在传播的效果上都有非常明显的优势，该传播方式能充分激发传播受众的接受兴趣，能最大限度地将传播效果优化。

3. 多媒体及互联网与视觉传达设计

多媒体是"文字、图形、图像以及逻辑分析方法等与视频、音频以及为了知识创建和表达的交互式应用的结合体"。多媒体技术是现代音频视频技术发展的综合产物，具有高度的集成性，在信息传播的实时性、交互性上具有其他传播手段所不具备的优势。多媒体信息传播结合视觉传播，听觉传播等多种传播手段，是一种现代化的综合性信息传播途径。从技术上看，多媒体技术融合了电视技术和计算机技术，这两种技术的结合创造出了一种全新的将文字、图形、声音、图像等传播要素综合进行传播的技术。在新媒体传播技术中，新增加的传播要素是具有交互性的，这是其他传播手段所不具备的一种现代化的信息传播手段，交互性能提高信息传播的生动性，让作者和受众能更好地进行沟通，交互性也是现代信息传播的主流趋势。

第二节　视觉传达设计中的社会与文化价值

可以说，文字、图形、色彩是视觉传达设计的艺术创作过程中的基本要素。通过对这些视觉元素进行整合，进而形成一种视觉上的美感，使信息在传达的过程中，在确保信息准确的基础上，更加通俗易懂，也更能吸引观赏者的目光。

一、视觉艺术的表现是对人类存在本质的陈述

大部分的现代艺术家、设计家认为每一种视觉样式都是一种艺术陈述或者艺术描绘，不管是艺术绘画、建筑还是装饰都可以看作是某种视觉艺术的特定形态的艺术呈现。视觉艺术设计能在不同程度上反映人类的审美观和情感需求，从本质上对人类的属性做出某种诠释。对自然界中原本存在的事物进行艺术描绘和艺术表达是视觉传达艺术存在的根本使命。在艺术设计实验中对设计对象逼真的表现要求，实际上与艺术家的艺术想象和艺术创造是背道而驰的。这种设计理念是在文艺复兴之后发展起来的，从人类设计创造的历史来看，人类的大脑对机械性、复制性的工作并不是非常擅长，而且在大量的复制过程中，某些细节会出现比较大的偏差，科学研究表明，人的大脑更适合于进行新鲜事物的创造和思考。因此在视觉形象设计中，

对形的表达要求主要是抓住事物的本质特点和内在特征，力求通过简洁的抽象将事物的本质特点清晰地还原出来，让人们通过这些特点去辨认出事物原本的形态，然后通过合理的想象和艺术加工对其进行改造和创新，使其具有艺术美感和文化价值。

因此，通过上述内容的分析，我们可以知道，在视觉传达设计中，任何表象的表现都具有一定的抽象性和意味性，逼真准确地还原事物的原本形象在视觉传达设计中的应用范畴并不是很广。视觉传达的真正的意义在于对事物的形象进行艺术化的创造和改变，使其具有更高的艺术性和情感表现力。

二、视觉传达设计的文化价值审视

视觉传达设计师以媒介作为信息传播手段的传播方式，以媒介作为载体能更加迅速地进行社会传播，因此视觉传达具有非常深刻的社会传播意义。从这一层意义上来讲，人们对视觉传达的研究不能仅仅停留在艺术表达的技术表象上，还应该对视觉传达的社会和文化价值进行深层次的挖掘和探讨。如果从社会文化角度对视觉传达进行分析，首先我们应该从哲学层面对审美视觉传达及其背后的社会问题进行挖掘，并从中抽取出社会文化价值的认知规律；其次可以从历史学的角度对视觉传达进行分析，因为视觉传达设计是传统文化继承和发扬的良好载体，通过对视觉传达中的传统文化要素进行分析，总结如何更加合理地在视觉传达中加入历史文化元素，促进传统文化的复兴。从这个角度来说，作为视觉传达的设计师，仅仅具有高超的设计技术是远远不够的，一个合格的视觉传达设计师必须具有高度的社会责任感和文化使命感，以此为基础动力将文化价值和社会观念的进步融入自己的作品当中，实现自己作品的价值的升华。在设计领域世界庞大的设计师必须清楚自己从事设计事业的初衷和终极追求是什么，也就是说在视觉传达设计中，设计师不仅要从艺术表现上做到尽善尽美，还应该注重作品的精神内涵和文化深度，只有这样才能让自己的作品深入人心，为社会的发展和进步做出贡献。

三、视觉传达设计引领消费

在视觉传达设计引领消费时代，可以从某种程度上说看即消费，这里包含两层意思，一层意思是对产品的知识产权付费才可以欣赏作品，另一层含义是可以通过观看某种视觉设计的商品宣传产生购买商品的欲望。随着社会的进步，精神文化生活在人们的生活中越来越重要，在现今的消费观念中，人们已经不再把享受排除在自己的消费体系之外，人们在视觉上的满足，也是追求精神文化的一种内在需求。如今的电影经济、电视经济、印刷媒介经济都是在人们的视觉消费刺激下产生的经济行业。电影电视以及视听媒介能对人的感官产生刺激，使人产生美的感觉和美的享受，进而使人产生精神上的愉悦感。在商品经济时代视觉刺激对人的影响非常广泛，甚至在商品消费领域也直接影响着人们的消费欲望和消费方向。

在如今消费中，消费的主体已经不仅仅是通过交易或者交换获得物品本身，而是通过消费获得自我满足，自我身份认同以及精神愉悦等高层次的消费需求。从视觉传达角度来说，一个好的设计作品不仅为人们提供了一个基本的形象框架。也为社会文化的普及和宣传提供一个价值载体，视觉设计本身必须要肩负起自己的社会责任和历史使命，争取对社会产生积极的影响，这是每一个视觉设计传达者应该追求的设计目标。在今天的消费文化和消费观念当中，如果想要将其变成一种文化欣赏和艺术欣赏，就必须在自己的作品设计中融入足够多的人文精神和人文情怀，让人们通过具体物象的构建，体会到其中蕴含的文化价值和人文精神。观看者只有从观看物品中获得精神上的享受，才能感受到设计物品的真正价值。因此在视觉传达领域，人们在设计过程中既要注重视觉传达设计的经济效应，也不能忽视视觉传达设计的社会文化功能和历史文化使命。

四、视觉传达设计的社会效应

无论是设计理念还是设计技术，都是伴随着科学技术和人类文明的发展而发展的，设计理念已经渗透到我们社会生活的很多方面，人们在欣赏和购买商品时，大多喜欢设计巧妙、造型美观、具有艺术感的商品。视觉传达作为设计中的一个重要门类，为大众提供视觉欣赏服务，因此必然与社会的不同阶层，各种消费类型的消费者有着非常紧密的联系，与此同时，视觉传达也涉及社会经济文化的各个方面，因此视觉传达是一个门类多样、内涵丰富的系统性的复杂工程。

从社会发展的角度来说，视觉传达设计要受到社会发展的制约和影响。我国在经济领域的改革不断深入，在市场经济环境下，市场经济的各个部门有着非常激烈的竞争，为了抢夺更多的市场份额，"占有"更多的消费者，他们都借用先进的视觉传达设计手段，将自己的产品特点和文化观念进行包装和宣传，希望能得到市场的认可和消费者的青睐。

事物之间的作用都是相互的，对视觉传达设计有重要的影响，视觉传达设计也反作用于社会发展。一方面，优秀的视觉传达设计作品能净化社会环境，洗涤人们的心灵，从而加强社会精神文明建设，提高社会精神文明程度。另一方面，如果视觉传达内容不当或使用不合理会对社会的发展起到不好的作用，比如造成社会视觉环境的污染，误导消费者，降低企业的社会形象和品牌形象，对社会的发展起到阻碍的作用。在视觉传达设计中，我们应该避免此类情况的发生，本着积极向上的态度创作视觉传达作品，保证其积极正面的社会影响和社会价值。

总地来说，视觉传达设计是社会文明发展到一定阶段和一定程度之后产生的新鲜事物，也是促成社会文化生存并且不断进步、不断前行的基本动力之一，因此视觉传达不仅是社会文明的象征，也是文化创造的一种表现。视觉传达设计不仅仅是对社会物质文化的一种艺术呈现，同时也体现出了不同地域、不同国家、不同文化背景下，人们的思维方式、价值观念以及审美标准的差异。视觉传达设计工作者应该充分发挥和利用我国文化的优势，不断挖掘我国传统文化元素，将其注入现代设计理念和现代设计作品当中。这种行为不仅仅是对历史的继承，更是对文化的发扬，也是未来的视觉传达设计的发展方向。

第三节　视觉传达设计中的图形与色彩要素

一、图形要素

如果从直观的感受角度来说，图形是最具说明性象征性的一种信息传播载体，人们可以通过图像从中获取直观的信息。因此在视觉传达设计中，常常会利用图形以及变形图形作为创意元素进行内容的表达和文化价值的承载。图形设计作为视觉传达中非常重要的一个组成部分，具有非常重要的意义，在这里，我们将对图形要素进行深入的分析和研究。

（一）图形的特征

经过无数的研究和经验的积累，专家和学者从本质和规律的层面对图形的特征进行了总结，主要归纳为以下三个方面。

1. 准确性

图形传达的信息具有准确性的特点，这一点是图形表达最具优势的特点。在艺术理论不断发展，设计理念不断更新的今天，现在进行图形设计时会使用恰当的图形语言去对核心的观念和内容进行表达，这种表达方式非常直观并且具有艺术表现力，能提升作品的艺术性。

2. 创造性

实际上，优秀的视觉传达图形设计是通过其富有智慧性的独创性来吸引受众的，引起受众的情感共鸣。在信息技术如此发达和信息量如此惊人的现代社会，人们每天都会接触到大量的信息，这些信息不仅包括文字，也包括大量的图形，如果图形没有突出的特点，很难让人产生观察的兴趣，更不用说留下深刻的印象。由此可见，优秀的现代视觉传达，图形设计必须具有足够的创造性和创新性，才能在众多的图形设计中脱颖而出。

3. 艺术性

图形作为一种高度概括和高度抽象的具体形象表达方式具有非常高的审美意义和审美价值，图形的这种简化运用已经成为视觉传达设计发展的一个特点。在当前的社会环境中，图形设计不仅要具备信息传达的基本功能，在表现手法和表现形式上也要进行艺术化的处理，使图形构图看起来更为平衡，整体画面更加协调，艺术性更加突出。此外，图形的艺术性的突出，还可以通过线条的特点以及颜色的搭配来实现，这些也是我们在进行图形艺术表达时需要考虑和关注的重要因素。

（二）　图形传播的作用

在日常生活中，人们的表情达意大部分是通过语言和文字来实现的，但是由于我们获取信息的途径，大部分都是通过视觉系统，因此，掌握图形创意和文化承载的方式对提升信息交流的效率和便捷性具有非常重要的意义，因此我们可以说图形是具有传播作用的一种符号。

1．传递信息直接有力、生动准确

直观性是图形的一个非常重要的特征，这个特征是图形在视觉表达设计中与其他元素相比具有天然的表达优势。观察对象的情境特征和画面质感，我们可以感受到其氛围和意念。图1-22是一幅向人们宣传抽烟危害的海报，寿字中的其一笔被香烟所代替，随着香烟的燃烧，寿命越来越短，具有极强的视觉冲击力，使人触目惊心，从而唤起人们对吸烟危害的联想。这一幅宣传画充分地体现出，图形与文字相比，在传递某些信息时具有更强的冲击力，并且能更加准确和快速地传递信息。

图　1-22

图形可以非常生动、非常精确地将信息表达出来。通过对大量优秀的视觉传达作品的观察来看，优秀的图形设计都具有其一定的共性，即意义明确、意味深长，观察者不仅能从设计作品中解读出其表面意思，更能通过画面的创意和设计联想到更多内容。

图 1-23　毒品危害宣传

2. 易识别、易记忆

与文字相比，图形更加直观、更加形象、更易识别、更易记忆，因此在视觉传达中我们应该充分利用图像的这些优点，增强图像的表现力和文化内涵。当然这并不是说文字在图形设计中不重要，我们应该对二者的关系进行协调，使整个画面更具表现力。

在信息社会中，图形对信息的传播起到了非常重要的作用，极大地提升了传播的效率和传播的便捷性。当然在信息社会中信息的数量非常多，想让自己发布的信息在海量的信息中能被一眼看中，需要对图形进行创意化的设计，使图形具备很强的视觉刺激和艺术吸引力。一对并排前进的两条腿象征着一对夫妇，但那条女人的腿在不知不觉中转换成一条蛇缠绕依附于男人的腿上（如图 1-24 所示），这幅设计图生动形象地表现出了这种类型的女人对男人的依赖。这幅图奇妙的构思和富有想象力的设计很容易被人们记住。

图 1-24　理想的丈夫

3．跨越语言障碍

在人类发展的过程中，由于地域差异，不同地区的人们的生活习惯、语言习惯以及认知习惯都有着非常大的差异。这种差异虽然造就了多种多样的民族文化，让我们生活的世界更加丰富多彩，但也成为不同地区的人们进行交流的一种文化壁垒和文化障碍。图形作为一种抽象的传播符号，可以超越国家和语言的障碍，让不同国家和地区之间的人们能够相互理解，让信息在更广的范围内得到传播，极大地促进了文化的交流与发展。

环境与和平问题是全球性的问题，得到了各个国家的关注，因此在视觉设计中很多设计师希望运用图形这种超越国界的信息符号，来表达保护环境、反对生态破坏，保护和平、反对战争的主题。如图 1-25 所示，设计者用成千上万个动物组成了灰色的蘑菇云，通过这种带有强烈视觉刺激的元素以及视觉反差来表达战争给全人类带来的危害和痛苦。如图 1-26 所示，在一棵枝叶茂盛的大树上，奇妙地生长出"椅子"，设计者通过这种新鲜巧妙的视觉来呈现，说明人与自然之间应该是和谐相处，人们在日常生活中要注意对自然的保护，不乱砍滥伐，保护自然资源和生态环境。

图 1-25　这不只是核试验　　　　　图 1-26　共生

（三）　图形的内容要素

1. 意识

人类对某种事物认识的形成，在图形领域体现为一个自然存在的具体物象，对其进行高度的对象化、图形化和符号化的处理后，将自然物象的组织特点，形态特点融合在一幅画面中。自然存在的物象是意识产生的物质基础，而造型意识是一种具有非常强烈的主观性的创造意识。当然我们这里所说的"非常强烈的主观性"是在遵循自然规律和认识规律的前提下，并不是天马行空的，毫无根据的想象和艺术再造。

现在图形设计是对传统文化中的各种要素进行去粗取精，对传统文化中的糟粕要坚决地予以否定，对传统文化中的精华应该进行充分的吸收。对传统的要素，我们既不能全盘否定，又不能全盘肯定需要根据设计的要求和特点以及时代价值观进行合理的取舍，体现作品的艺术性和时代精神。

2. 图形的功能与目的

在长期的实践积累中，专家和学者对图形的社会功能进行了归纳和总结，主要包括以下三个方面的内容。

（1）实用功能

实用功能主要是利用图形的表意功能，强调图形表达对人的视觉系统以及认知产生的直接影响和直接作用。在设计中，图形的实用功能是作品表现的原动力，能体现设计的根本目的。（如图 1-27 所示）。

图 1-27　图形的实用功能

（2）美学功能

图形的美学功能强调图形在审美层面上的功能，普通的图形经过视觉传达设计者的巧妙设计具有了审美价值和审美意义，能给欣赏者美的视觉设计和精神享受（如图 1-28 所示）。

图 1-28　图形的美学功能

33

（3）象征功能

象征功能是通过一定的巧妙设计，使人们对某种意向或者某种精神内涵的联想有了一定的了解，以此获得信息并从中得到更深层次的精神体验。对功能的实现取决于人们所使用的物象采用的设计手法与某些特定的社会价值与文化价值之间的关系。图 1-29 体现了公益海报这种图形的象征功能以及传达社会进步的观念。

图 1-29　图形的象征功能

（四）　图形设计中的创意思维

创意思维，是图形在视觉传达设计中非常重要的部分，创意思维能提升整个视觉，传达设计作品的精神高度和人文高度。在进行图形设计时，巧妙地运用思维进行设计是必不可少的。

1．创意思维概述

（1）比喻——明喻与暗喻

比喻就是将我们要表现的某种新的事物和我们熟悉的某种事物进行比较，通过二者之间的联系来进行形象或者是意义上的关联，使我们能更加形象地认识某种抽象的事物。一般来说在比喻的过程中，我们都会用一种熟悉的事物去比喻一种不熟悉的事物，目的是通过二者之间的联系，将二者的形象关联起来，更加清楚地对陌生事物进行认识。在比喻这种手法中，我们把比喻的事物称为本体，把用来做比较的事物称为喻体。

　　在比喻手法中，本体和喻体之间的关系非常明显，我们一眼能看出的这类比喻叫作明喻。在明喻当中我们会直接把一种事物比作另一种事物，并且两种事物之间具有非常紧密的联系，当说到喻体时，我们会非常清晰地将本体的形象印象在我们的脑海中（如图 1-30 所示）。

图 1-30　图形的明喻功能

　　与明喻相对应的是暗喻，与明喻相比较，暗喻的强度更深一层，其内涵通常也更加丰富，引申意义也更加深刻，本体和喻体之间的联系相对明喻来说显得更加隐晦。一般来说，在图形中使用暗喻的手法，通常只会出现喻体，并不会出现本体形象，本体形象需要依靠大家的想象和联想引申出来。

　　合理地利用比喻的手法，尤其是暗喻能极大地增强画面深入浅出的效果，将道理简化，将抽象的形象概念化，使我们能更加形象地对某些深刻的道理进行认识和理解（如图 1-31 所示）。

图 1-31　图形中的暗喻

（2）比拟——拟人与拟物

我们所说的女人就是将某种不具备生命的物体以及具有生命的动物和植物当作人一样进行画面描述和艺术表现。通过拟人手法的表现，使表达对象的特点更加突出、更加形象、更加生动，便于人们更加直观地对视觉传达设计的对象进行认识。（如图 1-32 所示）。

图 1-32　图形设计中的拟人

所谓拟物，是与拟人相反的一个过程，既把人或者是某种事物当作本体，将其比喻为另外一种事物。通过图 1-33，我们便能看出生动的拟物化形象以及设计者的基本表达思路。

图 1-33　拟物化的图标设计

（3）幽默

在视觉传达设计中，除了应用在庄重肃穆的环境中的作品外，人们总是喜欢在欢乐轻松的氛围中观察或欣赏某种事物。同样作为沟通媒介的图形，我们也可以用诙谐幽默的手法来对其进行视觉呈现，让整个作品呈现出一种欢乐幽默的氛围，这样能缩短视觉传达作品的设计者与欣赏者之间的距离，图形的表达显得更加亲切。

幽默的构图技巧能非常巧妙地应用图形构造以及设计的流程，观察者看到的是正常的现象，但在观察和联想中会有一想不到的情况，这会触动观察者的内心，会心一笑，有所感触（如图 1-34 所示）。

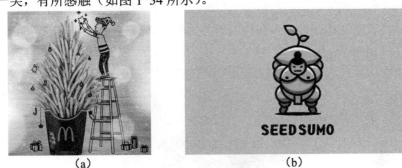

（a）　　　　　　　　　　（b）

图 1-34　图形幽默设计

（4）夸张

夸张的本质是在客观事实的基础上，对整体的某个细节或者某个部分进行夸张化的表达，通常利用的是扩大或者是缩小的艺术创作手法，目的是突出事物的某方面的特征以及本质上的特点。

夸张的手法能塑造一种相对震撼的视觉效果和视觉画面，因为夸张会打破事物原有的常态和构图秩序，用一种非正常的思维方式对设计对象进行表达，目的是突出作者的创作意向（如图 1-35 所示）。

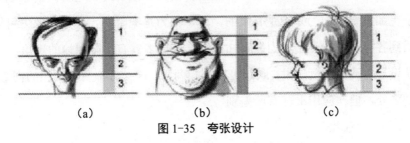

（a）　　　　　　（b）　　　　　　（c）

图 1-35　夸张设计

（5）象征

所谓象征，就是在法律规定或者是约定俗成的情况下，用一种事物来表达另一种事物，大多数情况下是用一种事物的具体形象来表达某种抽象的概念或某种理念，比如五星红旗象征中国、橄榄枝以及鸽子象征和平等。

2. 图形创意思维的特征

从设计理论上来说，联想是图形创意和图形创新的基本点，把与主题相关的各种元素寻找出来，进行彼此之间的关联和组合。当找到了恰当的元素和恰当的组合方式之后，通过彼此的和谐组合构成一副整体的画面，并留下一定的想象空间，让欣赏者能从构图的元素和构图的方式中，联想到作者的情感寄托和创作意向的表达（如图1-36所示）。

图1-36　图形创意的起点

1）联想

在图形设计中，联想和想象是一种十分重要的构图设计思维方式，很多优秀的视觉传达作品都是从联想和想象开始的。爱因斯坦曾经说过，人的想象力比知识似乎更加重要，因为知识是有限的，而想象力是无限的，通过想象力可以将知识应用到各种领域，各个层面能将知识转化成更多具有实际用途的理论。

从设计实践的角度出发，联想可以分为两种，这二者都属于联想的创造思维，有相同之处，但在应用上却有所差别。

（1）相似联想

相似联想顾名思义是基于二者之间的相似性所进行的一种联想。这种联想可以是基于外形相似的直接性的联想，也可以是基于内在含义和本质特征上的内在相似性的联想，因此，有些相对明显，有些不太明显，图 1-37 是某牛奶广告，正是联想的结果。

图 1-37 虚实结合

（2）连带性联想

连带性的联想可以分为三个主要类型，第一种是接近性联想，第二种是对比性联想，第三是因果联想。

第一，接近联想。我们所说的接近性联想，是指视觉传达设计中所描绘的意象，在时间或者空间上比较接近，具有一种天然的联系，我们可以通过一种事物轻易地联想到另外一种事物，比如，当我们看见操场时可以联想到学校。

第二，对比联想。对比联想是一种反向性的联想，也就是从相反的方向去联系，彼此之间性质不同、距离较远、时间跨度较大。图 1-38 是《毕加索的早餐》，正是对比联想的结果。

图 1-38 毕加索的早餐

第三，因果联想，在连带性的想象中，除了我们上面所说的接近性联想和反向性联想，还有一种是因果联想。这里我们可以通过以下两个图进行仔细的体会，明确它们之间的差别（如图 1-39 所示）。

（a）　　　　　　（b）

图 1-39　运动会招贴

（3）想象

从内心来说想象也可以分为两种，第一种是再造性想象，第二种是创造性想象。

① 再造想象

再造想象是根据语言描述或者是图形外在的形状的启发，在脑海中通过构图和想象，创造出一种新图形的过程。我们想象的对象一般是生活中已经存在的事物，大部分都为我们所熟悉，大脑已经形成印象化的认知，因此要进行再造想象对设计者的想象力、观察能力和设计能力都有着非常高的要求。

② 创造想象

创造想象最突出的特点是创造，即从无到有的过程。一般来说，在创造想象的创作过程中，都是根据一定的创作目的和创作要求，根据自己的生活经验和设计灵感，在头脑中创造出一种全新的形象。

2）象征

所谓象征，是指"用以代表、体现、表示某种事物的一种物体或者是符号"。

随着社会的进步，人们认识和思考问题的方式也在发生着变化，随着人们脑海中的积累知识逐渐增多，对事物的认识越来越科学、越来越理性。从设计发展的角度来说，人类的积累知识越来越多，生产手段和生产工具越来越先进，因此创造和设计的图形的内容也越来越丰富，色彩越来越鲜艳。在人类发展的历史中，图形被赋予了多种多样的文化内涵和情感意识，随着社会的发展，图形的这种文化内涵和情感价值也在不断地变化（如图1-40所示）。

图1-40　情侣牙刷

在我国古代图形和艺术品的设计中，象征是一种使用非常广泛的手法，广泛存在于绘画、建筑、雕刻等多种艺术创作中。从设计这一角度和概念出发，在图形的设计中经常使用的象征性的手法主要有三种，第一种是象征性手法，第二种是谐音表意手法，第三种是程式变化手法。

（1）象征性手法

象征性手法的象征表现一般来说比较直接，通常有明确的形象来暗示某种心理需求或者感情需求以及人类的某些理想或者是愿望，比如在中国传统文化中，神龟和仙鹤都是长寿的代表，石榴代表多子等，这种象征手法形象而直接。一般来说，在象征性手法中使用的象征物所代表的内涵大多为社会所熟知，否则很容易引起理解上的偏差。

（2）谐音表意手法

谐音表意手法一般是利用文字的发音与设计者想要表达物象的发音相似或者是相同来构筑图像想要的画面，表现设计的主题和情感诉求。比如在中国传统设计当中，白菜代表百财，蝠代表福等。

（3）程式化变形手法

有关程式化变形的手法，一般用于难以对其形象进行整体描绘或者细致刻画的物象，比如大自然中的风、云、水、土等，可以运用程式化的手段，通过对其进行固定的变形来表现这种物象（如图 1-41 所示）。

图 1-41　云彩的变化设计

阴阳图是中国人认识世界，认识宇宙的一种朴素的认识观和价值观，后来被传播到日本，虽然二元化的宇宙并不真实存在于我们生活的物理空间中，是人们通过想象创造出来的一种物象，但是它还是有自己的原则的，那就是阴阳的消极和积极以及阴阳的转换和消解（如图 1-42 所示）。

图 1-42　象征变形设计

二、色彩要素

（一）色彩的基本原理

在对色彩设计进行讨论之前，我们必须要对色彩的基本知识以及色彩设计的基本原理进行分析和介绍。只有将这些知识牢牢地掌握在脑海中，并且能熟练地运用，才能在色彩设计中将自己的设计才能发挥出来。

1．色彩分类

从大体上来讲，色彩可分为两大类，即无彩色彩与有彩色彩。

（1）无彩色彩

我们所说的无彩色是指没有彩色元素，图像是用黑色、白色、灰色等色彩组合而成的。在无彩色彩设计中，我们需要通过由灰到黑、由白到灰的色彩的深浅变化，来表现某些设计元素特殊的层次感和质感。从物理学的角度来说，黑色白色和灰色并不在可见光谱的范围之内，因此我们从学术意义上不能将这些颜色称之为色彩，但是在无彩色设计中，这几种颜色是非常常见的表现要素，对表现某些作品的质感和层次感有非常重要的意义（如图 1-43 所示）。

图 1-43　无彩色彩

（2）有彩色彩

我们所说的有彩色彩，就是通常所说的彩色，与生活有着非常紧密的联系，色彩虽然只是一种视觉元素，通过视觉系统传进大脑来表现事物的一些外在特征，但是从心理学的角度来说，颜色能从某种程度上影响人的心理体验以及情感体验，在视觉传达设计中是一种非常重要的情感表现元素（如图 1-44 所示）。

图 1-44　有彩色彩

2. 色彩的属性

1）色彩三要素

色相、明度与纯度，是色彩的三要素。

（1）色相

从光学角度看，色相之所以存在差别，是因为光的波长长短有所差异。色相的谱系包括红、橙、黄、绿、青、蓝、紫 7 种基本色彩。不同的波长的光波，照射在物体上，不同物体能吸收的光波波段不同，物体反射哪种颜色的光波，就会呈现出相应的颜色。

（2）明度

明度（Value）共有三种情况，具体如下。

其一，色相在不同的条件下会呈现出明度不同的变化，影响其明度变化的主要外部要素是照射光源的强弱。

其二，同一色相的明度变化，是在同一种色相之上配上不同比例的黑色、灰色、白色产生的，因此黑白灰这三种色彩也是影响色相明度变化的要素。

其三，如果照射在物体上的光源色相是相同的，那么物体在不同颜色色相上表现出的明度也是不同的。

在无彩色中，从色相上来说，白色这种色彩的明度是最高的，黑色这种色彩的明度是最低的，白色与黑色之间一系列的灰色的明度是不同的，人在视觉感受上也会有所差别。靠近白色的灰色，其明度较高，靠近黑色的灰色，其明度较低，在油彩色漆中，明度最高的是黄色，最暗的是紫色，在这两种色彩的运用中，我们一定要有所区分，根据作品的主题和需要的艺术表现手法合理地进行配色。

在色彩的三个要素当中，独立性最强的就是色彩的明度。明度之所以能成为最独立的色彩要素，主要原因在于明度只能通过黑白灰的关系进行相应的视觉表现和视觉呈现，在任何一种色彩中插入黑色和白色，明度就会发生明显的变化。一般来说，在任何一种有色色彩插入白色时其明度就会相应地提高，当插入黑色时其明度就会相应地降低，插入灰色时即得出相对应的明度色。

（3）纯度

从物理学和光学原理上看，色彩的纯度取决于可见光波的单纯程度，也就是说当一种单纯程度较高的光照射在某种物体上，使其呈现出来的色彩纯度也比较高，当混有几种颜色的光波照射在某种物体上时期，表现出来的颜色纯度比较低，会有其他斑驳的色彩。在整个色彩体系中，红、橙、黄、绿、青、蓝、紫这 7 种基本色彩的纯度是最高的，如果在纯色的颜料中加入黑白灰三种颜色，其纯度就会相应降低，因为黑色、白色和灰色三种色彩的纯度等于零。

清纯的颜色与混浊的颜色相比，在明度上可以一致，但在色彩的纯度上却存在非常大的差别，清纯的颜色其纯度肯定要高于浑浊的颜色。关于色彩的纯度变化，主要有以下三种方式。

第一，三种颜色相互混杂。

第二，用某一纯色直接加白、黑或灰。

第三，通过补色相混。

我们需要明确的一个知识点是，色彩的纯度与明度没有直接的关系，二者不一定成正比关系也不一定成反比关系，因此在视觉传达设计中，要根据作品的艺术表现特征合理地对色彩的明度和纯度进行调配。

2）色调

按照色彩三要素，色调主要有三种分类方法，下面我们将对三种分类方法进行说明。

（1）按照色相，可划分为红色调、黄色调、绿色调、蓝色调等。

（2）按照明度，可划分为明色调、暗色调、灰色调等。

（3）按照纯度，可划分为清色调、浊色调等。

3．色彩的体系

色彩体系的建立，对研究色彩理论以及色彩的实践应用具有非常高的价值和意义。在建立色彩体系之后，我们可以根据实际需要，科学地选取其中的某些色彩元素进行抽取或者是对多种色彩元素进行混合，得到我们想要的表达性色彩。

4．色彩联想

根据心理学家和颜色学家的研究，当人们在观看色彩时，由于色彩要素的变化，受明度色彩纯度等要素的影响，人们会在心理和情绪上产生一定的波动。这种波动可能是由于看到颜色联想到某种物象而产生的。

1）具体联想

我们所说的色彩的具体的联想，是指看到色彩后联想到某种具体的事物形象，比如我们看到红色时不由自主地联想到火焰，看到蓝色时会联想到天空和大海等。日本色彩学家冢田氏用 83 种颜色的色纸，对不同年龄、不同性别的人进行调查，表 1-1 就是被调查的男女小学生和男女青年对 10 种主要颜色的具体联想。

表 1-1　男女小学生、青年对色彩的具体联想

	小学生		青年	
	男	女	男	女
白	雪、白纸	雪、白兔	雪、白云	雪、砂糖
灰	鼠、灰鼠	阴暗的天空	混凝土	阴暗的天空、秋空
黑	夜、炭	头发、炭	夜、洋伞	墨、西服
红	苹果、太阳	洋服、郁金香	血、红旗	口红、红靴
橙	橘子、柿子	橘子、胡萝卜	橘橙、果汁	橘子、砖
褐	土、树干	土、巧克力	土、皮箱	靴子、栗子
黄	向日葵、香蕉	菜花、蒲公英	月亮、鸡雏	月亮、柠檬
绿	山、树叶	草、草坪	蚊帐、树叶	草、毛衣
青	大海、天空	天空、水	大海、秋天的天空	大海、湖水
紫	葡萄、紫菜	葡萄、桔梗	礼服、裙子	茄子、紫藤

2）抽象联想

所谓色彩的抽象联想，是指我们看到某些色彩，会联想到某种抽象的概念和形象，这种概念或形象在实际中并不存在具体的形象，可能是一种情绪，也可能是一种氛围。抽象性的联想，受到生活经验和生活阅历的影响，当然知识水平以及知识积累也会对抽象联想造成不同程度的影响，比如在看到同一种颜色后，儿童和成年人联想到的物象是不一样的。

（二）色彩在设计中的运用

1．色彩配色规律在设计中的运用

色彩的配色规律应用的范围很广，就视觉传达和设计来说其主要应用体现在以下 4 个方面，下面我们进行说明。

1）考虑色彩的整体效果

考虑色彩的整体效果时，我们需要注意三个方面的情况，才能让色彩的应用更加协调，自然色彩的表现力得到有效的利用，具体如下。

（1）充分考虑观看对象的色彩喜好。在视觉传达设计中，尤其是在商品的包装以及商品外形的设计中，一定要针对消费者的消费喜好和颜色需求来进行色彩设计，比如在针对中老年人市场的产品设计中，一定要突出色彩的深沉和柔和；在针对年轻人进行产品设计时，一定要突出产品的活泼和阳光。

（2）确定主色调。主色调是一副画面构图的基础情绪表达，为了能更好地配合画面，形成更好的视觉冲击力和艺术表现力，一定要科学地选取主色调，才能最大限度地完成设计要求。

（3）合理选择与配置色彩，并成功运用色彩（如图 1-45 所示）。

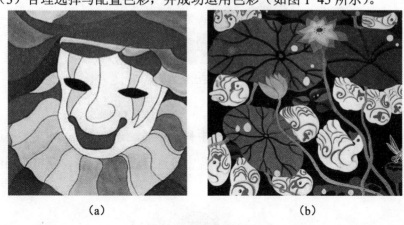

（a）　　　　　　　　　　　　　　　（b）

图 1-45　色彩的运用

2）处理好主体与背景

在商业宣传与商品推广的设计中，画面中既要存在商品的主体形象，又必须安排合适的背景作为衬托，如果背景过于突出，那么商品的形象特征就会被人们忽视，如果商品的形象过于突出，给人的整体视觉感受也不是很协调。在实际设计中，大多数情况是通过对比的手法进行色彩处理的。图 1-46 是三色对比设计，图 1-47 是四色对比设计。

图 1-46　三色对比设计　　　　　图 1-47　四色对比设计

3）突出色彩的亮点

亮点在整幅画面中都是色彩非常明亮的一个部分，目的是突出物品的细节特征和细节特点，使画面更具冲击力，并且重点突出。图 1-48 就是利用小面积的亮蓝色与大面积的普通蓝色形成对比，从而突出中间色彩的亮点，而亮点的存在，突出了商品的质感。

图 1-48　突出色彩亮点

4）把握好色彩的平衡与不平衡

平衡与不平衡，需要设计者在设计中科学布局，合理安排。如果想要达到色彩上的平衡，要对色彩的浓淡、轻重、疏密等进行合理的设计，使整幅画面给人以协调之感（如图 1-49 所示）。

TRACK
吉临甚静

图 1-49　色彩平衡

2. 色彩感情规律在设计中的运用

在心理学上色彩是具有一定的情感表现力和情感表现规律的，充分利用情感表现规律能提升视觉传达艺术作品的艺术感染力和艺术表现力。一般来说在进行色彩设计和情感表达时应该做到以下几个方面。

（1）华丽的色彩质感和色彩搭配，能提高设计品的档次。

（2）艳丽的色彩搭配能够刺激视觉神经，引起观看者的兴趣。

（3）阳光明亮的色彩可以使人产生一种愉悦感。

（4）柔和的色彩给人以温暖感，可以用来表现某些产品的功能特征。

（5）有些颜色配在某些图画上，会通过视觉神经刺激人的味蕾，一般来说可用在食品广告的设计中。

第四节 视觉传达设计中的文字与版式要素

一、文字要素

（一）字体的类别

从大体上来讲，字体共分为两大类，具体如下。

1. 中文文字

1）中文文字分类

（1）按文字特点划分

随着人类社会的发展和时代的进步，社会生产力不断提高，中文的文字字符也在不断地发展和演变，在每一个相应的历史阶段，都具有浓厚的时代特色和艺术特点。

商朝后期甲骨文是一种相对通用的文字样式。在这一时期文字主要用来记载占卜以及祭祀等大事的，"卜辞"与"记事辞"也是甲骨文最常见的文字内容。在这两种功能中，大部分用于占卜，甲骨文并没有形成固定的笔画和组合顺序，解读起来非常困难（如图 1-50 所示）。

与甲骨文相比，金文的象形程度也非常高，并且笔法浑厚自然。金文是商朝文字的正体，在长期的使用过程中逐渐形成了正体多繁、俗体趋简的发展趋势，文字开始朝着更科学的方向发展（如图1-51所示）。

图1-50　甲骨文　　　　　　　　　　图1-51　金文

到了西周后期，我国已经不再使用甲骨文和金文来记载事物，大篆成为一种相对统一的使用字体。大篆这种文字的主要特点有以下几个方面，下面我们来进行具体的分析和说明。

第一，大篆的线条已经逐渐简化，相比于甲骨文和金文其线条更加柔。

第二，大篆的字体更加规范，相比于甲骨文和金文结构，不像以前那么散乱，已经形成了现在方块字的雏形。

后来，随着汉字的发展，大篆逐渐演变成小篆。与大篆相比，小篆的象形程度比较低，抽象程度比较高，形体更加规范，笔画更加整齐，在书写上更加匀称圆润（如图1-52所示）。

随着时间的推移，小篆开始退出历史舞台，隶书成为主要的流通字体。从书写特点和字形特点上来说，隶书与小篆有非常大的差别。从笔画上来说隶书更加平直、棱角更加刚正，并且经常被运用于现代艺术设计中，具有非常强的装饰性（如图1-53所示）。

图 1-52　小篆

图 1-53　隶书《曹全碑》

　　楷书是出现于隶书之后的一种书写字体，并且具有非常鲜明的字体特征——工整秀丽，大篇幅的楷书给人以非常强烈的规范感和秩序感，观看楷书能让人产生一种宁静感，在当今社会，楷书也是人们使用的一种字体（如图 1-54 所示）。

图 1-54　楷书《九成宫醴泉铭》

　　行书是将其笔画之间相互呼应构成的一种观感流畅的字体。从规范程度上来说，它没有楷书规范，但是运笔更加自由，字形更加灵动，书写速度更快，并且风格多样为人们所喜爱（如图1-55所示）。

　　从字形上看，草书这种字体比行书更加灵活，更加自由，并且具有一定程度的抽象性，如果不具备专业的草书知识，一些字很难辨认出来。草书注重整体性的章法结构，讲究上下字体相互呼应，错落有致，给人一种整体上的观感美。（如图1-56所示）。

图1-55　行书《兰亭序》

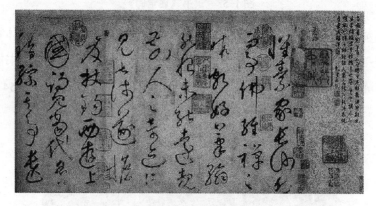

图1-56　怀素草书

　　（2）按字体划分

　　在电子文档字体的常用字体中，宋体、黑体是应用最多的两种汉字字体。宋体的字形方正、横细竖粗、收笔顿挫明显，从整体风格来上说字形比较挺拔，给人的感觉比较秀丽，非常适合电子文档以及印刷使用（如图1-57、图1-58所示）。

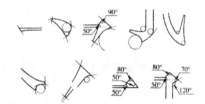

图 1-57　宋体字　　　　　　图 1-58　宋体书写规律

黑体字体的最突出的特点是笔画没有粗细的变化，笔画的两端没有装饰线角。并且头尾横竖笔画粗细一致，给人以厚重之感，通常用作标题给人以醒目的感觉。

（3）按笔画组合划分

汉字按照笔画的组合和笔画的主要形态来进行划分，主要有独体字与合体字两种。

其一，独体字。诸如电、日、了等仅由基本笔画组合而成的字（如图 1-59 所示）。

其二，合体字。诸如需、对、围、匡等由两个以上的独体字或由独体字配上偏旁组合而成的字（如图 1-60 所示）。

图 1-59　独体字　　　　　　图 1-60　合体字

（4）按图形形式划分

如果我们以图形的角度出发对汉字字体进行概括和分类，可以根据其呈现的图形特征将汉字字体分为铭体、手写体以及印刷体。

铭体是指从古代流传至今，在石碑和器皿上进行雕刻记载事物的文字形态，甲骨文、金文、印章、碑文，这些字体都属于常见的铭体字。

手写体，顾名思义手写体就是用手写的文字字体，我们上面所介绍过的楷书、隶书、行书、草书等书法字体都属于手写体。

印刷体是在现代设计和视觉传达当中经常使用的一种字体，印刷体主要用于印刷物品之中。中文印刷字体，经过不断地摸索与积累，形成了现在的方块结构，具有较强的可读性以及视觉美感,能在长时间的阅读过程中减少眼睛的疲劳感(如图 1-61 所示)。

户外广告创新作品选

广告牌为城市展现出繁荣

活动合作案例解析

要求能在一件作品中做到各要素的协调统一

让户外广告牌产生 照明收益

蓝牙技术使手机和数字屏幕上的内容互动

图 1-61　中文印刷常见字体

2)中文文字的书写规律

汉字字型美的特点非常突出,因此在书写文字的过程中,我们必须要遵守一些数学规律才能让文字显得更加美观。

(1)外圆内方

"外圆内方"的汉字结构特点对应的是古人天圆地方的哲学理念。从审美学的角度来说,这种构造方式也符合审美规律。

(2)字形大小合适

汉字的形态千差万别,有方形(田)、梯形(旦)、三角形(人)、六角形(永),汉字这种独特的整体构型使得汉字在字形面积上产生了很大的区别,为了使整体字形看起来更加美观,我们应该尽量做到字形的大小一致(如图 1-62 所示)。

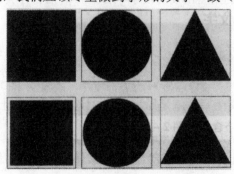

图 1-62　文字大小的调整

（3）结构稳定

在汉字的书写和印刷过程中，必须保持文字结构的稳定，才能保证整体观感和谐、美观。汉字是方块字，可以将每个字都写在方格之中，在书写时我们要注意好各个部分与方格的距离间距，保证字形和结构的稳定，这样才能通过错落有致的布局使得字形看起来大方美观。

（4）处理好主副笔画

汉字的基本形态和基本态势是由主笔决定的，副笔的主要作用是完整字形以及保持字形和结构的匀称。在书写时我们一定要科学布局主笔与副笔，将汉字规范地写出来才能保证汉字的美观。

（5）处理好笔画粗细

在汉字书写中笔画的粗细也会对字体的整体特点造成影响，如果我们书写的笔画粗细不均匀，或者是将粗细关系颠倒，就会造成汉字书写的失败。因此在书写汉字时，我们一定要处理好笔画粗细之间的关系，该粗的地方粗，该细的地方细，保证整体布局的错落和匀称。

2．西文文字

1）西文文字概述

对文字进行粗略的分类，我们可以将文字分为表形文字、表意文字和表音文字三种。西方的字体大多数属于表音文字及每个符号代表一个声音元素，由若干个符号构成一个词，每个词对应一种含义，在使用语言时将不同含义的词语按照语法进行组合形成语言（如图 1-63 所示）。

图 1-63　古希腊象形文字

2）西文文字分类

（1）文艺复兴字体

文艺复兴时期字体的主要特征是将圆形字母的轴线进行一定程度的倾斜，并且粗线和细线的差距不大，二者相对来说比较匀称。这种字体看起来比较流畅和美观，大多数时候用于古文书写以及商品宣传页，从某种程度上来说，这种字体属于一种美术字体，具有非常强的装饰作用。

（2）鲁斯提卡字体

这种字体最早是出现在羊皮纸和巴比洛斯纸上，在现代设计应用当中，如果应用这种字体，也尽量会采用这两种纸进行书写。这种字体有一定的圆润度，给人以流畅之感。相比于文艺复兴体而言，它的书写速度快，这是这种字体的优点。

（3）安色尔字体

公元 4 世纪，随着人们审美需求的增加，传统的字体越来越无法满足人们的书写需求，于是出现了安色尔字体。这种字体书写流畅，并且省掉了一些字母中的某些笔画（如图 1-64 所示），在阅读和观察这种字体制作的书籍以及宣传海报时，要对省略的部分进行补充，以免影响作品的意义表达。

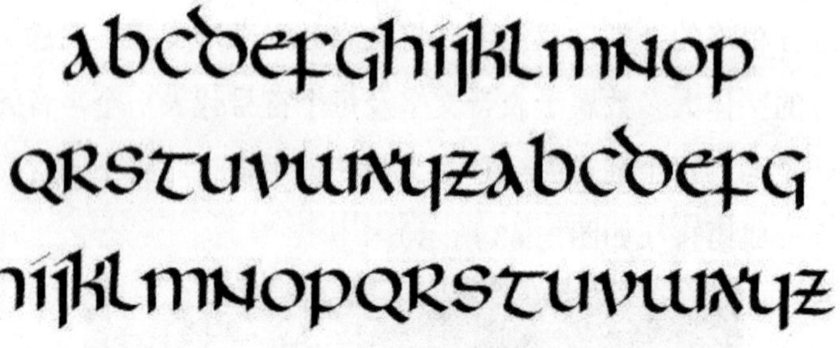

图 1-64 安色尔字体

（4）哥特体

哥特体最早出现在 13 世纪，这种字体看起来非常美观（如图 1-65 所示），但是在书写上存在很多的不便之处，因此，在大部分情况下，它只用于一些宣传画的设计以及僧侣抄经当中，在书籍以及其他阅读物中的应用较少。

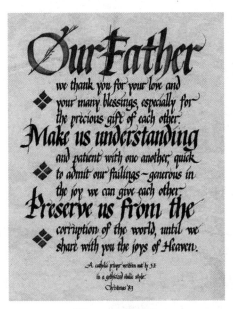

图 1-65 哥特体

（5）现代自由体

19 世纪初，现在自由字体开始出现，这是一种拉丁字体的变形，从书写规律和细节处理上与中国的楷书和隶书有相似之处，比如说笔画的横竖一致、字脚略微省略，自由体一般造型明朗，具有非常鲜明的现代感，图 1-66 至图 1-68 都是比较典型的现代自由体。

图 1-66 无饰线体

图 1-67 加强自脚体

图 1-68　图形体

（二）字体设计的原则

万事万物都有其规则，在设计领域无论进行何种设计，都必须遵循一定的规律和原则，字体设计也包含在其中。在视觉传达领域，一般来说进行字体的设计需要遵循的原则和规律，主要有以下几点，我们将进行具体的分析和详细的说明。

1. 从间架结构与线条入手

汉字和英文在设计和使用中的间架结构和应用原则是不同的，一般来说汉字采用的设计范本主要是宋体和黑体，但在西文字体中使用的主要是罗马字体以及等线体等给人视觉观感比较匀称、协调的字体。

线条文学抛弃了字体粗细变化和字角变化的一种文字，是分析现代文字设计鉴定结构的一个好的方法。在实际设计中可以通过线条对文字的设计和变形进行创新。图 1-69 是线条文字的例子。

图 1-69　线条文字（二十四节气）

2．突出主题

作品的主题和需要承载的情感价值是字体设计和应用的基本原则之一。在视觉传达设计中，设计者要在自己的作品上突出关键字和关键词，并对其进行特殊字体的设置，使观看者能一目了然地看到整个画面中最关键的提示性文字，快速了解设计者所要传递的设计主题。

3．考虑阅读效率与视觉效果

设计师要避免纷乱繁杂的设计，将设计简化，让观看者能简单明了地辨别其中的各种文字要素。图 1-70 中有大量的字体，并且字体没有统一，字迹的浓淡不同，我们很难快速进行阅读和有效的信息处理。图 1-71 虽然字体统一，并且具有非常强的个性特征，但是由于太过特殊，文字很难被观察者辨认出来，起不到传情达意的作用，这个设计也很难谈得上成功。

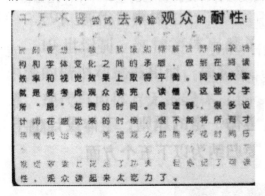

图 1-70　阅读障碍　　　　　　　　　　图 1-71　死亡之年

阅读习惯是我们在长期的阅读中形成的一种视觉观察和大脑处理文字信息的习惯。设计者必须遵循最基本的阅读习惯，否则很难将自己的设计理念准确快速地传递给作品的观看者。比如在排版的过程中，我们一般要遵循从左到右，从上到下的排版原则，因为在无数次的阅读中，我们都是以此为阅读习惯进行阅读的（如图 1-72 所示）。在字体的设计中，一个完整的标题最好紧密地联系在一起，千万不要拆分得过于零散，保证观察者阅读的连续性。但是在一些特殊的设计中，我们也可以对题目进行个性化的处理，保证结构的稳定性和匀称性，使整体构图不至于失重（如图 1-73 所示）。

59

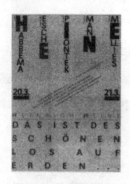

图 1-72　主题招贴

图 1-73　竖排文字设计

4. 增强艺术性与独特性

增强艺术性和独特性也是进行字体设计和应用的基本原则之一，我们知道，通过合理的设计与创新，字体会具有很强的装饰性和艺术性，能在视觉传达设计作品中起到意想不到的作用。当然这需要设计师发挥自己的设计才华，挖掘自己的设计潜能，在遵循基本设计规律的基础上创造出独具艺术美感的字体。

图 1-74 是金士顿的品牌 logo，设计者通过艺术表现，使字母设计具有了一定的独特性。图 1-75 通过字体形态的变化体现出爵士乐的特色。

图 1-74　金士顿品牌 logo

图 1-75　爵士乐的海报

5. 有秩序地编排文字

文字是一种需要通过连续阅读和识别进行信息表达的设计元素，因此在排列和设计文字时必须按照一定的顺序和设计规律使文字的排列具有一定的秩序感，能让观看者更加方便，更加流畅地对文字进行阅读，了解其中传递的信息。图 1-76 至图 1-79 向我们展示了几种不同风格的文字排列秩序。

图 1-76　齐头不齐尾设计

图 1-77　齐尾不齐头设计

图 1-78　齐头齐尾设计

图 1-79　居中对齐设计

二、版式要素

在视觉传达设计的元素中，除了我们之前介绍的图形设计、字体设计以及色彩设计之外，还必须对版式进行合理的安排，这里我们将围绕版式展开分析与研究。

（一） 编排空间构成

设计版面，通过使用线条、色彩、图形等设计元素，将版面空间进行分割，一般来说，在进行版面设计的时候，需要遵照设计的逻辑规律、信息表达规律，合理地进行组合与排列。

1. 理性化的分隔

网格设计是一种理性化的空间风格，其主要方法是将版面分成形状规则的网格状，将不同的内容分布在不同的网格之中。网格化的设计，广泛地应用于现代设计和排版中，我们日常所见的书籍杂志大多是采用这种版式设计来进行空间设计和安排的。（如图 1-80 所示）。

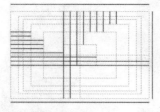

图 1-80　理性分割

2. 感性化的分隔

感性化的排版设计风格是按照设计者自身的主观意愿以及内容表达需求，对版面进行不规则的空间分割和编排组合。感性化的排版风格打破了原来网格式设计的视觉严谨性，能更加自由地对空间进行安排和组合。这种版面分割主要运用在现代海报以及一些招商宣传帖中（如图 1-81 所示）。

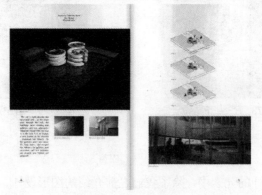

图 1-81　感性分割

3．虚实空间

在版面设计中，空间的虚实布局和虚实安排非常重要，只有恰当的空间虚实布局才能充分地对空间进行利用，也不会让观看者有拥挤之感。虚实结合，一般是通过图像留白或者是分割留白实现的，虚实结合可以突出设计主题，给观看者更多的想象空间和发挥空间（如图 1-82 所示）。

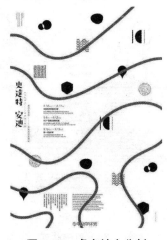

图 1-82　虚实结合分割

（二）版式的种类

1．标准型与自由型

个人版型是指在排版当中比较符合视觉规律和传统设计规律的一种版式设计，一般来说标准型的版式设计，涂在板面的上端，然后配上标题，最后是广告文和商标字体，这种设计虽然很简单，但是非常容易引起人们的视觉关注，并且阅读起来比较顺畅，能比较好地表现作者所传递的设计主题（如图 1-83 所示）。

自由版型与标准型的版型，相比于自由型的版型设计没有固定的规则，比较自由，一般来说会按照设计师的审美理念和审美欲求进行

图 1-83　常规版式

安排。自由行的排版版型适合文字较多，并且有多种含义的海报设计，每一个板块通过其合理的空间配置来进行，使设计的主题能在多个要素的均衡结合中得到体现（如图1-84所示）。

图1-84　自由版式

2. 对称型与重复型

对称型版型是指设计版面的左右部或者是上下两部分是对称存在的，整个版式简洁大方、严肃完整（如图1-85所示）。

多次重复的排版形式是指使用图形中的某一个元素进行多次重复使整个版面看起来统一并且具有层次感和立体感，从而引起观看者的注意（如图1-86所示）。

图1-85　对称版式

图1-86　重复版式

3．中轴型与四点型

中轴型是指设计的标题，广告中的文字图片以及商标字体交互均匀地排放在轴线的两边，这个轴线可以是纵向的轴线，也可以是横向的轴线。公轴型的排版方式比较冷静，而且使画面具有高度的平衡感，有时候在一些创新型的设计中轴线也不一定是一个线条，也可以是中间的文字或者是一条空隙（如图 1-87 所示）。

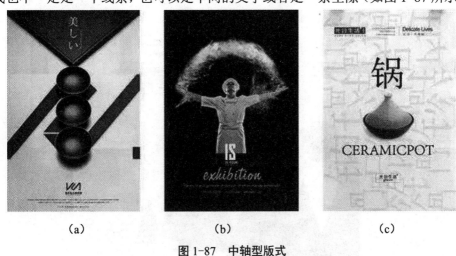

| (a) | (b) | (c) |

图 1-87　中轴型版式

四点型的版式是指布图时均有一单元与画面的四边接触，一个单元碰到另一个单元边，而其他的各边由其他单元去接触可装饰性的边缘，使画面生动、醒目（如图 1-88 所示）。

图 1-88　四点型版式

4. 上下横跨型与图片左右置型

上下横跨型是由标题或图片开始往下然后向右延伸的，广告文、字体或其他单元横跨右边缘，此型既稳健而又易引起读者的兴趣，值得重视（如图 1-89 所示）。

图 1-89　上下横跨型图片

图片左右置型是指将图形统一放置在左边或右边，而将另一边留给文字，从而使读者的视觉感受更为清晰，也更便于阅读（如图 1-90 和图 1-91 所示）。

图 1-90　图片右置版式

图 1-91　图片左置版式

5. 文字型与字图型

文字型是以字体为主的版式（如图 1-92 所示）。而字图型是由图形排列成文字，并将设计物的各单元排列成文字（如图 1-93 所示）。

图 1-92　文字型版式　　　　图 1-93　图文型版式

6. 指示型

指示型的版式是指图形或标题广告指向广告内容。图 1-94 就是一个指示型的版式设计。

图 1-94　指示型版式

第二章 新民艺文创设计中的图形

第一节 新民艺文创设计的界定与构成

书中所谓"民艺"是从日本著名的民间艺术家柳宗悦先生的"民艺学"中得来的。20 世纪 80 年代后期，我国著名的公益理论美术家张道一先生，在结合我国民间艺术特点的基础上，对"民艺学"进行了深入的研究，对"民艺学"的概念进行了更加全面、更加深入的界定。潘鲁生教授在他的专著《民艺学论纲》中针对"民艺"的界定指出："如果从社会学的角度来看，民艺更贴近'民众艺术'……从艺术学和工艺科学的角度更体现'民间美术''民间工艺''民间技艺'的特征。"

在本书的研究中，"民艺"一词包括的范围更广，不仅仅专门用来指"民众的艺术"，而是从更丰富的意义层面对这个词进行了解析，中国民族民间的传统文化艺术以及传统手工艺造物都是民艺的研究范畴。

所谓"新民艺设计"，最主要、最突出的特点是一个新字，新的民间途径和民间造物虽然是从传统文化和传统艺术中抽取出来的，但是绝对不是传统文化和传统商务的简单的复制。新民意概念中的图形和民间传统意识，不仅保留了传统艺术的文化特质，还具备新时期的审美特征和视觉特征，符合现代人的审美观，能被当前大部分人喜爱。

"新民艺设计"取材于中国的传统民间艺术和民族文化，中国对传统民间艺术和民族文化精神内核的现代化审美表达，力求表现出中华文化传统精神和创造理念，打造出具有中国传统文化特质和现代审美特征的新型文化。在新民艺设计中，民族艺术和民族精神是整个创作的核心和灵魂，现代化的设计技术和设计理念是新民艺设计的手段和基本动力。

"新民艺设计"主要包括两个方面的内容，第一个是图形塑造，第二个是设计创新，因此在新民意艺术创作中也要解决两个问题，一方面是民族图形元素的提取，另一个方面是民族传统元素的现代化创新设计和拓展应用。

图 2-1　"新浪网"藏族地区标志

图 2-2　藏族元素设计

图 2-3　现代藏族特色设计

第二节　新民艺文创设计中传统图形的基本特征

一、关于中国传统图形及造物形态的基本属性

我们这里所说的中国传统图形以及造物形态，主要是指中国传统文化，宗教信仰、绘画艺术、民间艺术、建筑装饰、服饰造型以及民间工艺品等具有浓烈中国特色和中国文化特质的传统元素。从宗教方面来说，儒释道三家的文化思想，及其相关理念形成的文化象征和文化符号；从传统文化和民间生活来说，古代传统的娱乐形式，造物文化，装饰图案等都属于传统造型要素。

中国传统的文化艺术以及造物文化源远流长，自新石器时代以来，经历了多个朝代的更迭，随着科学技术的进步和文化的发展，中国传统文化要素的具体形态和风格特征也在不断地演变，形成了绚丽多彩的中国传统文化艺术。从设计的范围来看，我国的传统文化艺术，涉及建筑装饰、器具制造与装饰、服装装饰与设计、生活用品设计、文化用品设计以及劳动用品设计等，想要对中国传统文化艺术进行全面深入的了解，需要我们经过长时间的学习和研究。

中国传统的文化艺术，传统的造物文化，由于社会属性、文化背景以及应用领域的差距，从属性上可以归纳为不同的阶层。对中国传统文化艺术的归纳进行分层，我们可以从宗教、宫廷贵族、文人士大夫，以及民间劳动者等几个阶层进行划分。在传统艺术的设计和应用中，根据艺术设计阶层的不同，其设计风格、装饰纹路以及用材都有很大的差别，因此在学习传统文化艺术知识时，我们应该进行细致的学习，并对其中的区别进行区分。

中国拥有 56 个民族，分布在广袤的中华大地上，由于不同民族生活的地理环境气候以及资源物产条件不同，在学习民族传统文化知识时，我们要充分结合当地的地域特色，对民族文化进行了解和认识，才能从本质上把握地域性传统文化艺术的特色。

二、中国传统图形及造物枚举

（一）文化符号类

文化符号类的传统文化艺术元素主要来自一些传统文化观念和价值观念，是这些思想观念和文化理念的抽象。这类传统文化要素主要来自宗教、文化、信仰、氏族图腾、社会观念等。如太极、八卦、万字纹、盘长纹、佛八宝等（如图 2-4 至图 2-6 所示）。

图 2-4　彩陶纹

图 2-5　太极纹

图 2-6　万字纹

（二）人工造物类（外观及装饰）

1. 来自建筑及其构件

楼、亭、庙、塔、阙、牌坊、华表、城堡、门窗、梁柱、斗拱、雀替、照壁等（如图 2-7 到图 2-9 所示）。

图 2-7　望海楼

图 2-8　华表

图 2-9　古窗

2. 器具类

鼎、尊、爵、壶、瓶、罐、盆、碗、灯、扇、卷轴、文房四宝、戏曲道具、家具、劳动工具等（如图 2-10 至图 2-12 所示）。

图 2-10　司母木鼎　　　　　　　图 2-11　四羊方尊

图 2-12　文房四宝

3. 装饰用品类

首饰、香包、袋囊、装饰挂件、中国结、璎珞、中国盘扣等（如图 2-13 至图 2-15 所示）。

图 2-13　中国结

图 2-14 璎珞

图 2-15 盘扣

（三） 自然景观类

自然景观类的传统文化符号，具有浓郁的特色，能通过某种具体的物象代表某种地域以及地域上的文化，很多具有浓郁地方特色的山川、河流、树木都可以成为传统民族文化元素设计的造型来源（如图 2-16、图 2-17 所示）。

图 2-16 迎客松

图 2-17 河流

第三节 新民艺文创设计中现代图形的基本特征

一、崇尚简洁

现代图形崇尚简洁直观，这不仅仅是现代审美标准的要求，更是因为简明的图形更适于艺术制作，一些复杂的材料只有在比较简洁的设计中才能够更好地进行艺术设计和艺术加工。"少就是多"的这种设计概念是现代设计理念中一个非常突出的特点，并且在这个设计理念的指引下，世界工业设计领域产生了一批非常具有影响力的设计作品（如图 2-18 至图 2-20 所示）。

图 2-18　简洁设计　　　　　　　　　　图 2-19　简洁排版设计

图 2-20　简洁家居设计

二、缺损形的审美

现在设计理念中的遗憾美、缺失美与中国传统文化设计的理念有非常强烈的反差。在中国传统文化设计理念中，图形求全求整，现代设计理念却将图形根据一定的规则进行切割或者打散，通过重新构造组合，创造缺损图形这种审美理念是时代发展的产物，与生产力和人们的意识水平发展到一定的程度有着非常大的关系。

三、正形与负形

随着摄影技术的突破与发展，产生了正形与负形这两种图形，对现代图形设计和艺术品设计产生了非常大的影响，也是对传统设计观念的一次革新。在现代艺术设计领域，很多标志或符号图形，都采用了这种正负图形变化的创作方法，并且产生了一批非常优秀的作品（如图 2-21 至图 2-23 所示）。正负图形的产生和运用使设计的广度得到了拓展，设计理念得到了更新，视觉传达艺术作品的艺术表现力得到了提升，并且更具艺术性。

图 2-18　现代图形设计

图 2-19　现代商标设计

图 2-20　加拿大标志设计

四、错视创造多视角图形

错视图形是视觉成像技术发展的结果。矛盾空间图形正是利用错视原理创造出了一种奇异的图形，来表达奇特的视觉心理。矛盾空间图形将不同视点和不同空间的图像有机地组合在一起，不仅创造了变化奇异的多视觉图形，还调动了人们的想象力（如图 2-24 至图 2-26 所示）。

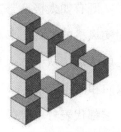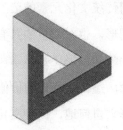
图 2-24　典型的立体错视图形

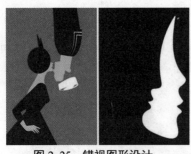
图 2-25　错视图形设计

图 2-26　错视黑线椅

第四节　新民艺文创设计中传统图形与现代图形的比较

一、传统图形与现代图形在创作观念上的不同

中国传统图形经过了数千年的发展，经过原始时代、奴隶时代以及封建时代后，形成了巨有强烈民族特色的造型特征和文化内涵，具有非常浓烈的民族特色和地域文化特征，形成了具有文化内涵和艺术内涵的文化符号。当然在中国传统文化图形中，也有一部分来自原生态的民间文化，代表了最广大的普通劳动人民，这些图案和符号以朴素真诚的图形语言和艺术内涵，凝结了数千年来劳动人民的智慧。

中国传统图形涉及人们的日常生活和工作的各个方面，比如人们基本的价值观和世界观，社会文化、精神文化以及物质文化。从中国传统图形的内涵特质上来说，它们具有强烈的象征意义和精神文化意识，从图形的造型和形式上来看就具有十分鲜明的秩序感和艺术感。其图形品类呈现出多元性的特征，特色纷呈，气象万千。在中国传统文化元素的造型中，既有如太极八卦、万字符号、云纹、雷纹等几何抽象图形，也有大量的具有写实风格的装饰图形。在图形设计和图形表达中，无论是抽象的图形还是显示风格的图形，从根本上来说都是用来表达一些特定的抽象概念，蕴含着特定的价值取向和艺术取舍。

无论民族图形来自何地，何种文化，它都代表着这个民族和这个区域的地方特色，凝聚着这个地区的民族情感，是地域民族文化的一种精神符号。

二、现代图形设计以现代文明和现代经济为背景

现代图形是在现代文明和现代设计理念的催生下产生的一种艺术符号，现代图形的产生与现代印刷技术，摄影技术和设计理念的发展有着非常紧密的联系，在图形特点上也体现出与时代经济和技术发展紧密结合的特点。科学技术的进步和发展为现代图形的设计提供了多种多样的选择和技术支持，从活字印刷到石板印刷，再到电子排版与电子印刷，每一次印刷技术的革新都带来了视觉传达设计的一次革命。设计图形的产生速度、表达方式以及呈现的材料和形式越来越丰富，这给视觉传达设计带来了新的发展空间，在设计中设计师可以通过不同的材质、不同的设计手法和不同的印刷技手段，来体现不同的情感蕴含和艺术特征。

现代图形特征的形成受到经济、文化、科技发展的影响，在日益激烈的现代商业竞争中，一副吸引眼球的视觉传达作品，能帮助生产企业在市场上建立优势，取得更多的市场份额，得到更多市场群体的认可。所以在现在社会中，图形已经脱离了宗教信仰以及阶级的束缚，成了一种服务现代社会发展和丰富人民生活的具有艺术美感的视觉产品。借助材料科学的发展和印刷技术的发展，现代图形在材料应用和表现手法上更加丰富，作品的创作形式和创作法则与传统图形造型和设计相比有了质的飞跃。继承传统艺术和传统造物文化的目的是对其进行创新和发展，我们在利用传统图形的文化特征时不能仅守着老旧的价值观念，对其进行简单的复制，要在现代设计理念和现在审美的要求下对其进行创新和再造，使传统图形发挥出新的艺术魅力，服务于社会大众的精神文化生活。民族的就是世界的，只有具有独特文化艺术特征的产品才能在更广的范围内得到人们的喜欢和认可，传统图形元素与现代审美和设计理念的结合，是古人智慧与现代创造的结合，我们相信保有一颗尊重传统文化、发扬传统文化的心，秉持着用现代语言诠释古典文化艺术的精神追求，我们一定可以生产出独具民族特色和民族艺术魅力的现代设计精品，让中国的设计走向世界，得到更多人的认可和喜爱。

第三章　中国传统艺术与现代视觉设计

第一节　中国传统化解读

中国视觉艺术走过了漫长的历程，具有中国传统文化的深厚背景，秉承了中国传统文化的整体精神，其视觉艺术的特征也反映了中国人特有的传统价值观念和文化审美情趣，它们根植于深厚的传统文化的土壤之中，是在长期的社会历史的发展进程中逐渐形成的。对于中国视觉艺术来说，儒家、道家、佛家传统文化思想的影响是同时存在的，共同构筑起所具有的文化心理结构及文化艺术的理想与趣味。中国传统文化中的视觉艺术不仅仅是笔墨、技术，它是一种精神的东西，是文化精神的体现。

一、中国传统文化的内涵

（一）儒家文化

儒家是孔子创立的思想、学术流派，产生于春秋晚期。由于孔子早年曾从事过儒的工作，所以由他创立的学派被称为儒家。儒家本来只是春秋晚期出现的所谓"诸子百家"中的一个流派，汉武帝后，儒家思想逐渐成为中国社会的主流思想，儒家文化也成为中国传统文化的重要内容。

儒学是以孔孟思想为核心的学说。儒学的内容博大精深，按不同时期分为先秦儒学、两汉经学、宋明理学、清代实学。儒学是中国古代学术、思想的主要内容，对中国古代社会影响巨大，"四书五经"和"十三经"是儒学的代表。

1. 儒学的基本内容

（1）仁。

"仁"是儒家学说的核心内容。儒家学说的内容博大精深、源远流长，但其核心内容是"仁"。

"仁"的本义是指古人的美好德行，其含义宽泛，包括恭、宽、信、敏、惠、智、勇、忠、恕、孝。《诗经·郑风·叔于田》就有关于"仁"的描述："洵美且仁。"《荀子》对"仁"的说法是"仁，爱也"；《说文解字》对"仁"的解释是"仁，亲也"。也就是说，"仁"是美好的德行，是人与人之间相亲相爱的行为。

孔子对"仁"的社会现象进行了理论提炼与概括，形成了"仁"的理论学说，使"仁"成为其最重要的思想内容。据统计，《论语》中"仁"的出现有 109 次。

2000 多年来，"仁"成为儒家思想最重要的内容，对中国古代社会的影响极其深远。所以，狭义的"仁"指由孔子创立的儒家学说，又被称为"仁学"

那么，孔子思想中的"仁"到底是什么呢？孔子在《论语·里仁》里说："好仁者，无以尚之""君子去仁，恶乎成名"。这是孔子对"仁"的基本定位，即"仁"是人的社会行为的最高范畴。"仁"的内容是什么呢？"仁者人也，亲亲为大。"（《中庸》）"樊迟问仁。子曰：'爱人'。"（《论语·先进》）"夫仁者，己欲立而立人，己欲达而达人。"（《论语·雍也》）"仁"就是做人的本分，是把关爱他人作为最重要的事情的道德行为。孔子还将"仁"的内容提升到治国安邦的高度："子曰：'克己复礼为仁。'一日克己复礼，天下归仁焉。"（《论语·颜渊》）可见，"仁"是孔子推崇的最高社会行为，是人之为人的道德规范，是社会文明有序的基石。

（2）礼。

"礼"起源于古代宗教仪式，是祭祀神灵时的仪式和程序，用以表示对神灵和先祖的敬意，后演变为一种社会交往原则和行为规范。因此，"礼"既有道德属性，也有制度属性。

"礼"的实质是维护封建社会的文明有序。孔子的"礼"是对作为社会现象的"礼"的理论概括与提炼，使之成为其思想核心"仁"的外在形式和社会行为模式。《论语》里孔子说到"礼"的地方有 75 次，仅次于"仁"。他说："兴于诗，立于礼，成于乐。"（《论语·泰伯》）修身养性源于诗，立身为人成于礼，性情养成在于乐。在孔子看来，"礼"是人之为人的行为准则"不学礼，无以立。"（《论语·季氏》）所以，"非礼勿视，非礼勿听，非礼勿言，非礼勿动。"（《论语·颜渊》）这样，"礼"与"仁"成为孔子思想中最重要的两个范畴，是实现其社会理想而必须具有的道德内容与行为范式。

（3）中庸。

"中庸"的意思："中"是中正、中和之义；"庸"即"用"或"常"之义：
"中庸"就是"用中为常道也"（郑玄《礼记·中庸》注）。何晏将其解释为"庸，
常也，中和可常行之道"（《论语·集解》）。也就是把中正、协调作为处事待物的
常用原则。因此，中庸的另一种表述就是"和"。孔子讲："君子之于天下也，无
适也，无莫也，义与之比。"（《论语·里仁》）意思是，君子对于天下的人和事，
没有固定的厚薄亲疏，只是按照"义"去做。又说，"过犹不及"（《论语·先进》），
意思就是凡事都要尽可能追求最为恰当合理的方法，不能过，也不能不及。在孔
子看来，无论做人做事还是治理国家，用中取和都应该是最高的原则，即"中庸
之为德也，其至矣乎！"（《论语·雍也》）在《礼记·中庸》篇中，孔子的这种思
想有了进一步的发挥，"和也者，天下之达道也""致中和，天地位焉，万物育焉"
（《中庸·天命》）。这样，中庸和谐的思想成为儒家经天纬地的原则。董仲舒称其
为"和者，天地之正也""德莫大于和"（《春秋繁露·循天之道》）。

中庸里的"中"不是折中。折中是对事物的量的解释。中庸里的"中"首先
是哲学意义上的方法论，是处理事物所持的适宜、恰到好处的态度。朱熹称其为
"中者，无过不及之名"。中庸里的"中"也是一种行为准则，是人在处理人际关
系时应遵循的合宜而无所偏倚的原则，也就是段玉裁在《说文解字注》里所说的
"中者，别于外之辞也，别于偏之辞也，亦合宜之辞也"的原则。中庸里的"中"
是公正而合乎天理人情的道德取向。南宋理学大家陆九渊将其解释为："中之为德，
言其无适而不宜也。"总之，中庸里的"中"不是简单的调和、折中之义，而是哲
学层面和公共关系学上的恰到好处、融通合理、中正、和谐之义。中庸里的"庸"
并非平庸，而是指恒长、不变之理，是何晏在《论语集解》中所说的"庸，常也。
中和可常行之德也"的意思，是事物发展朝向中允、和平的不变之理以及人对这
种不变之理的顺应。

仁、礼、中庸三者的关系：仁是礼的内容和要求，礼是仁的表现和标准，中
庸则是二者协调统一的原则。

2．儒学的思想特征

（1）以对天命（自然规律）的理解以及天人关系的各种可能性的比较选择为出发点，来创建其朝向现实社会的思想体系。

（2）通过对人的心性陶冶和道德实践，去实现其社会理想和价值追求。

（3）强调人的社会责任和世俗价值，追求学术的现实功用。

3．对儒家文化的认识

（1）儒家学说以现实精神和世俗取向为立场，具有强大的济世作用与社会功能。2000多年来，成为中国社会稳定团结、治国安邦的主流话语和社会基石，其价值意义在危机四伏的当代社会尤应深刻发掘。

（2）儒家学说以伦理道德为核心，在漫长的古代社会用理性的道德教育替代了狂热的宗教信仰，避免了中国社会陷入宗教狂迷和分裂，对维护国家的统一与民族团结发挥了极其重要的作用。

（3）儒家思想重视人的崇高气节与高尚操守的价值取向，成为中国人维护正义、爱国爱民的精神传统。

4．儒家文化的现实价值与意义

（1）博爱思想与注重整体利益的思想对建构和谐社会具有积极意义。儒家思想可以概括为以仁为内容、以礼为形式、以中庸（和谐）为原则、以大同为目标的思想体系。这种思想的最大特点，是注重事物关系的整体融通和谐，不以小利为取，而以大用为宗。因此，它可以有效地化解因小利形成的社会冲突，抑制个人欲望，增强社会凝聚力，提升人性境界，将社会引向整体融洽的大同目标。

（2）注重道德修养的思想对建构社会主义精神文明具有积极意义。儒家思想主张通过对人的心性陶冶和道德塑造去实现社会和谐的理想目标。这种博爱利他的精神与当今社会物欲横流、道德缺失的现实形成鲜明对比。实践证明，中国古代能够历经2000多年的统一完整，与儒家博爱利他思想的浸润、整合有着必然的联系。因此，要重塑道德力量、增强社会凝聚力，让当代社会走出贪欲困境，重拾儒家思想是一剂良方。

（3）注重人的社会责任感和高尚情操的思想对提高国民素质具有积极的现实

意义。儒家思想注重培养人的社会责任感和高尚情操。当代社会在功利主义影响下，表现为社会责任感淡薄、个人利益至上。人们在物质主义重压下变得本能强大、精神枯竭，具体表现就是公民意识模糊、个人素质低下，人与人、人与社会关系紧张。要改变这样的状况，弘扬儒家精神不失为一种选择。

（二）道家文化

道家是春秋战国时期"诸子百家"中的一个学派，其代表人物是老子和庄子，由于这个学派的核心理念建立在对"道"的认识讨论基础上，故被后人称为"道家"。道家是在中国哲学史上第一次把"道"当作世界的本原，并建构起一个以"道"为核心理念的学术流派。其代表作是《道德经》（又叫《老子》）、《庄子》。

1. 道家文化的基本内容

（1）老庄哲学思想的基本内容。

"道"是老庄哲学思想的核心问题，是老庄对大道（宇宙规律）的语言化描述。那么，"道"是什么呢？《老子》中说它是"有物混成，先天地生。寂兮寥兮，独立而不改，周行而不殆，可以为天地母。吾不知其名，字之曰'道'"。道是先于他物的存在，是一切事物的开始。因此，"道生一，一生二，二生三，三生万物"。无论世界多么博大丰富，其根源在于"道"，是道统万物的产物。所以"孔德之容，唯道是从"，道是衍生、支配万物生长、发展的"天地之宗"，是一种超越万物的终极存在，是宇宙的本源。

那么，"道"的特点是什么呢？老庄认为，"道"的特点是自然而然。也就是说，自然（一切存在）是什么，"道"就表现为什么。"道"的这个特点被老子解释为"道法自然"。所谓"道法自然"，是说道以自然为法则，表现为自然而然。然而，"道"的这种深隐于物、与物为一的特点对宇宙又有着不可抗拒的支配力，它决定、影响着万物的生长、发展。所以，老子说"道常无为而无不为"。

作为宇宙自然而然的存在，"道"既表现为"物"的存在，如人们能够感觉到的有形世界，老庄把这种现象称为"有"；也表现为"无"的存在，如人们感觉不到的无形世界，老庄把这种现象称为"无"。在"有"与"无"的关系上，老庄认为"有"只是现象，"无"才是本质。所以，老子说"天下万物生有，有生于无""大音希声，大象无形。道隐无名"（《老子·四十章》）。声音和形象只是大道的反映，而决定声音与形象的大道本身，人们是感觉不到的。就好比老人大家见得多，但使人变老的规律我们却看不见。庄子说的"天地有大美而不言，四时有明法而不议，万物有成理而不说"（《庄子·知北游》）也是讲的这个道理。所以，"道"的原初形式是"无"。

老庄思想中均有"天（自然）人合一"的理念，他们认为"道"（自然之道）是宇宙万物之本，当然也就是人之本，天人是统一于"道"之中的。老子讲"人法地，地法天，天法道，道法自然"，万物最终是统一在自然而然的大道之中的。这就是"道统万物"的理念。庄子讲："汝身非汝有也……孰有之哉？曰：是天地之委形也。生非汝有，是天地之委和也。性命非汝有，是天地之委顺也。孙子非汝有，是天地之委蜕也。"（《庄子·知北游》）人的一切绝非独立于自然，而为自然之物。在人与宇宙的关系问题上，庄子似乎有更深刻的见解："天地与我并生，而万物与我为一。"人一开始就源于自然，与自然万物是融为一体的。庄子的观点是典型的"万物一体"的思想，这种思想与以海德格尔为代表的当代西方"人与世界合一"的哲学思潮有着必然的思想渊源。前者是这种思潮的朴素形式，后者是前者的理论升华。"人与世界合一"的哲学思潮是人类哲学史在当代对以亚里士多德为代表的"主一客"式形而上学哲学思潮的终结与转向，对当代哲学影响巨大，是当代哲学的主流体系。这种哲学思潮与传统的形而上学哲学思潮的区别在于：后者以认识论的方式来看待世界，把人与世界分成两极，人是主体，世界是客体，世界是被人的思维形式——概念认识的结果。问题在于，人的思维活动是人的内在性活动，概念是人对事物的固态化认识，而具有无限意蕴的世界怎么能被一种内在化和固态化的认识所界定？前者以存在论的方式来看待世界，认为人与世界本来就是一体的，是彼此不可分离的有机体。因此，世界不是作为一个外在的对象被人凝视、认识的，而是作为与人相交织、相作用的统一体展示出来。人之所以可以感知世界，是因为人融汇于世界，是联系世界无穷意义的关系点。世界不是由人的思维所认识，而是在与人的纠缠融汇中不断被人体悟与发现的。

老庄"天人合一"思想是这一哲学思潮的先声。

（2）老子的社会理想与人生观。

老子的社会理想表现为无为而治。对大道的顺应与融通，是老子实现天人合一、超越人本体的核心思想，这种思想反映在人与社会的关系上，就是无为而治。所谓"无为"就是"不妄为"，而不是"不作为"。老子讲，"我无为而民自化，我好静而民自正，我无事而民自富，我无欲而民自朴""道常无为而无不为。侯王若能守之，万物将自化"。因此，"无为而治"就是用顺应大道规律的方式去治理天下，用"无为而无不为"的方式去实现天下的大治。换个说法，就是用不妄为的方式去实现无所不为的目的。

老子的政治倾向表现为小国寡民。所谓"小国寡民"，是指淡化行政权力、尊重民众权利的治国之术。"小"不是大小的小，而是说不看重、忽略的意思；"寡"并非少，而是指不去影响、骚扰的意思。"小国寡民，使民有什伯之器而不用，使民重死而不远徙。虽有舟舆，无所乘之；虽有甲兵，无所陈之，使民复结绳而用之。甘其食，美其服，安其居乐其俗。邻国相望，鸡犬之声相闻，民至老死不相往来。"人的本性与自然的法则是相通的，人生存的方式当然也应与自然的法则相融通。自然的法则是"自然而然"——该是什么就是什么，因此，让老百姓在无欲不争、自然而然的状态中生活，应是从政者们执政的目标。

老子的人生态度表现为"少私寡欲、见素抱朴"。对自然之道的顺应与回归，是老子哲学思想的基本内容。所谓"少私寡欲"，是指去除个人的私心与欲望；所谓"见素抱朴"，是指做人要本色、质朴。只有这样，人才能超越世俗而与大道相融。所以，"罪莫大于可欲，祸莫大于不知足，咎莫大于欲得。故知足之足，常足矣。"去掉"自我"而回归"大道"，是老子人生态度的主要内容。

（3）庄子的社会理想与人生观。

如果说老子的社会理想还主要是基于形而上的观念描述，是建构社会理想的观念形态，那么庄子的社会理想则是形而下的具体呈示。他在《马蹄》中作了这样的描述："故至德之世，其行填填，其视颠颠。当是时也，山无蹊隧，泽无舟梁。万物群生，连属其乡；禽兽成群，草木遂长。是故禽兽可系羁而游，鸟鹊之巢可攀援而窥。夫至德之世，同与禽兽居，族与万物并。恶乎知君子小人哉！同乎无知，其德不离；同乎无欲，是谓素朴。素朴而民性得矣。"所谓"至德之世"，是指万物完全顺应自然之道的社会。在这样的社会中，人的本性退回到原初，一切欲望与纷争均在万物一体的和谐中荡然无存，"顺物自然而无容私焉，而天下治矣。"（《庄子·应帝王》）万物和谐融通的至德之世是庄子憧憬的"理想国"。"夫帝王之德，以天地为宗，以道德为主，以无为为常。无为也，则用天下而有余；有为也，则为天下用而不足。"（《庄子·天道》）。因此，用无为而为、去社会化而回归自然状态的方式去建构万物一体的至德之世，是庄子社会理想的最高境界。

庄子的人格理想是超越自我，而与大道融通的"三无境界"，即"至人无己，神人无功，圣人无名"（《庄子·逍遥游》）。所谓至人无己，是指最完美的人已没有了自己；所谓神人无功，是指最智慧的人不追求功用；所谓圣人无名，是指最旷达的人已没有了形态。人能做到无己、无功、无名，说明他已与自然而然的大道融为一体，这当然就是做人的最高境界。

在人生态度上，庄子推崇的是无用之用。所谓无用之用，是指不以时俗为标准而保持自然赋予的作用。也就是放弃世俗的小用而追求自然的大用。他说："山木，自寇也；膏火，自煎也。桂可食，故伐之；漆可用，故割之。人皆知有用之用，而莫知无用之用也。"（《庄子·人间世》）山木、膏火、肉桂、漆树皆因为时俗有用，故自毁其用。若其"无所可用"，就会"不夭斤斧，物无害者，安所困苦哉"（《庄子·人世间》）。这样，它们就能遵循大道赋予的作用长久生存，在自然中发挥自己本来应有的作用。在庄子的思想中，有用只是迎合世俗价值的效用；无用则是保持自然的本性，按大道赋予的属性在自然中发挥自己本来的作用。无用之用是用悖论的方式展现出的大智慧，它是庄子对自然无为之道的拟说，其目的是劝诫人们舍弃短浅世俗的功用而追求顺应自然规律的大用。

2. 道家文化的现实价值与意义

（1）道法自然。

道法自然的观念从哲学意义上讲是人与世界的关系论。人与世界不是主与客的关系，也不是认识与被认识的关系，而是相融一体的关系，是万物一体的呈现。

从生态学的角度讲，是绿色环保意识。人与世界是共生关系，一荣俱荣、一损俱损。因此，人类要可持续生存，必须尊重自然、爱护环境。

（2）无为而治。

无为是不妄为，是因循大道而为，规律是什么就怎么做。无为而治就是按规律办事，不妄为。我们今天常说的尊重科学、按规律办事换成道家的说法就是无为而治。

（3）大私寡欲、见素抱朴。

当代社会是一个物质主义盛行的时代，物欲横流而人本淡泊。物质与精神的严重错位是当代社会危机与冲突的重要原因。因此，当代社会的理性回归，离不开重构精神传统。从这个意义讲，少私寡欲、见素抱朴的做人原则能引导人们在物质社会中守住精神家园，保持人性的高贵与单纯，对重构当代人的精神传统具有积极意义。

（三） 佛家文化

佛教因佛而名。佛是佛陀的简称，梵文为"Buddha"，意思是"觉者"。自觉、觉他、圆觉（觉行圆满）者皆为佛。小乘佛教讲的"佛"，一般是用作对释迦牟尼的尊称；大乘佛教讲的"佛"，除指释迦牟尼外，还泛指一切觉行圆满者。可见，佛教是觉悟众生与万物的宗教流派。

1. 佛教在中国的发展

佛教在中国形成三个不同的体系：在中国汉族人居住地盛行的佛教属汉传佛教；在西南边陲部分少数民族地区流传的属南传佛教；在青海、西藏等地区流传的属藏传佛教。汉传佛教和藏传佛教属大乘佛教，南传佛教属小乘佛教。

值得注意的是，任何文化的重组都是继承与创新的产物。佛教作为一种外来文化，在与中国传统文化的重构中已融入太多的中国要素，换言之，佛教在中国的传播，其实也是中国文化对它的改造。从这个意义讲，佛教之所以成为中国文化的重要内容，是以中国传统文化对它的改造和重构为前提的。譬如，中国佛教改变了印度佛教"三衣一钵、日中一食、树下一宿"的丛林清规，制定了著名的

《百丈清规》，规定僧侣在修道的同时，必须参加农业生产，自食其力，"一日不作、一日不食"，将农耕理念植入佛门清规。

佛教中国化的典型例子是禅宗的出现。禅宗是印度佛教"禅那"理念的演变。"禅那"是"静虑"或"思维修"的意思，是佛教修行的基本功，佛教中"戒、定、慧"三学中的"定、慧"就是"禅那"。禅宗的理念最早由南北朝时期的印度僧人菩提达摩传授，然而其真正的创始人是唐代的中国僧人慧能。慧能将中国儒家文化中的人性论学说、道家的清静虚无思想、印度的大乘空宗等一切皆空以及大乘有宗佛性的实有思想相结合，创造出极富中国特色的佛学流派。禅宗突破了印度佛教"佛国权威、佛陀至上"的思想，消除了极乐世界与现实世界、彼岸与世俗的严格界线，具有明显的泛神论特点。中唐以后，禅宗成为中国佛教的正统，对中国社会各阶层影响巨大。

2. 佛家文化的基本内容

（1）四谛说。

四谛说是指四种佛教真理。四谛包括苦谛（人生就是痛苦）、集谛（众生对真理的无知带来的生死苦果）、灭谛（灭尽诸苦达到涅槃寂静的理想境界）、道谛（灭除痛苦的方法和途径）。

（2）缘起论。

缘起论是佛教对宇宙万物产生、发展、变化原因的解释。用以解释世界、社会、人生和各种事物现象产生的根源。

（3）三法印说。

这是三种印证佛学理论的标准。即诸行无常（物皆变化无常）、诸法无我（万物皆有缘，没有不变的实体作为自己的主宰）、涅槃寂静（断尽尘缘，超越生死轮回，方能达到重生境界）。

（4）因果报应论。

这是佛教的劝世理论。其主要内容：凡事必有因果，无因必无果；善的行为产生善的果报，恶的行为产生恶的果报。所以，只有去恶从善、积德修行，方能达到"彼岸"。

（5）六道轮回论。

这是佛教对因果报应的类型划分。不同的善恶行为带来不同的报应，它们分别是：地狱道、饿鬼道、畜生道、人道、阿修罗（一种神、鬼、人杂糅的形象）道、天道。

3. 佛教对中国传统文化的影响

（1）充实了中国传统文化的内容。

佛教的寂静、空灵与道家的清静、淡泊具有一致性；佛教追求的"无"与道家追求的"无己""无名""无功""无待"在对现实的超越性上具有相同性。佛教文化与道家文化的相通性主要体现在两个方面：一是宗教，二是学术。尽管二者在对宇宙本原与人的心性归属上路径各异，但二者在揭示人与宇宙的关系上，却是如出一辙的。事实上，佛教之所以能在中国发挥光大，一个重要原因就是它与中国本土文化有着太多的相似性。这种外来文化与本土文化的优化组合，无论对于中国文化，还是佛教文化本身，都大有裨益。

佛教的"无"与儒家的"有"具有本质上的相融性。"无"是一种认识论，看重本质规律而非现象世界，是对世界本质的一种超现实的理性观照。儒家以"有"为宗，重伦理道德、建功立业；佛教以"无"为宗，重心灵虚空、无欲无念。儒家虽有为而作，却强调心性约束、人格操守，仍不离佛教之性空。"有"与"无"看似相对，实则相通，事物从根源上看是"无"，从现象上看是"有"。儒家看世界的着眼点是现象，佛教看世界的着眼点是根源，二者其实殊途同归，这就是老子说的"天下万物生于有，有生于无"（《老子·四十章》），"有"与"无"是事物真相的不同表现与矛盾统一。

儒、道、佛文化的相互补充与影响，促成儒、道、佛由鼎立走向融合，成为中国传统文化最重要的思想内涵，对中国传统文化产生了深远的影响。

（2）影响中国的人格文化和社会心态。

儒、道、佛文化尽管是中国传统文化的主流形态，但其对中国传统文化的影响又各有不同。宋明理学家认为，儒学为治世之学，道学为治身之学，佛学为治心之学。儒家关心的是人的现世行为，提倡忠君忧道、建功立业，注重人伦道德：道教关心的是人的身体与生命，追求养身延年、长生不死；佛教则认为现实世界其实只是并不真实的幻境，因此，只有心无外物、超尘绝俗、万念俱空、与世无争才能实现佛我为一的终极目标。佛教文化对中国古代人们的心性陶冶作用巨大。

既然世界的本质是"空"，"佛"才是真实的存在，对本心的追求才是把握了"佛"的真谛。这种理念对形成中国人忍、善、含蓄、内敛的文化传统作用明显。

（3）对中国传统思维方式的影响。

以禅宗为代表的中国佛教与道家一样，都提倡"顿悟"的思维方式。"顿悟"是一种跳跃型的直觉思维，其特点是不受经验和逻辑的约束而通过自由联想与突发性悟得进行认知。所谓直觉，是指思维主体超越经验体系和知识体系，不受逻辑规则的约束，通过自由联想、感悟，对客体本质、属性、特点做出迅速地识别、直接的理解和整体的把握。它是"直接而瞬间的、未经意识思维和判断而发生的一种正在领会或知道的方式。"直觉思维具有综合性、直接性、跳跃性、快速性、无限性等特征，它以事物的整体性为对象，通过跨越式联想、感悟，在瞬间实现对事物意义的领会、把握，它是比理性思维更具有思维空间和让人的精神活动更符合事物无限意义的思维形式，对提高人的审美感悟能力也具有重大意义。直觉思维丰富了中华民族的思维活动与民族智慧。

（4）对中国古代艺术的影响。

佛教文化对中国古代艺术产生了重要的影响。从内容上看，佛教文化使中国古代艺术增加了新的内容。无论是建筑、雕塑、绘画、音乐还是文学，佛教文化的影响显而易见。从形式上看，佛教文化推动了说唱艺术，如变文、宝卷、弹词、鼓词的相继产生。大量的佛教典故和新词汇融入传统文学作品中，丰富了文学创作的语言表达。从风格上看，佛教文化促进了中国传统艺术的阴柔之美。六朝以来的中国古典艺术，从山水田园诗到文人书法绘画，都散发出静、幽、淡、雅的阴柔之美，并由此形成追求含蓄、清淡、冲远的风格理论。从创作方法上看，佛教的彼岸世界是一个超越现世的虚幻世界，它增加了艺术的幻想与奇异，推动了中国古典艺术浪漫主义创作方法的发展与成熟。

二、中国传统文化的基本特征

（一）注重天人合一的和合取向

所谓和合取向，就是人与自然相互依存、和谐相融的思想观念。和合中的"和"是和谐、融洽之意；"合"是统一、完整之意。和合就是天与人融合为一、相互依存、共为一体。

和合取向的文化特点：从人与外界的整体关系上去看待问题、处理问题，跳出狭小的个人立场去求取远大的实在与共同的根本利益，用整体性、包容性去覆盖与整合差异性、矛盾性，用"和而不同""求同存异"的方式去化解暂时无法解决的冲突与分歧。它是忽略小我而注重大我、无视小利而追求大有、跳出刻板而注重变通、放弃当前而着眼未来的大智慧。

中国传统文化中和合思想的智慧之处：把人的生命意义回归到自然本元，使人的存在价值与自然母体融为一体，从而超越狭隘、自闭的人本局限，实现宇宙生命体的和谐融通、有序共存。法国文化学者汤因比为此曾感叹：当今社会"最重要的精神就是中国文明的精髓——和谐"，唯有这种理念和思维方法，"才是人类拯救自己的唯一希望"。

（二）重生博爱的"生生"思想

"生生"思想即古人关于生命、生长、生存的思想，其概念来源于《周易·系辞》"生生之谓易"的说法。古人从对人与自然关系的长期深刻观察与感悟中认识到，宇宙存在的目的就是不断地化育生命，"生生之谓易"。人作为"大化流行"的一员，必然以天地之理，即天地生成万物的生生之理作为行为的原则。因此，"生生"思想成为中国传统文化显著的特色。

古人关于"生生"的思想包含如下几点内容。

1. 生是宇宙规律、天地之道

例如，"易有太极，是生两仪，两仪生四象，四象生八卦，八卦定吉凶，吉凶生大业"；"生生之谓易"（《易经·系辞》）；"生之谓性"（《孟子·告子上》）；"道生一，一生二，二生三，三生万物"（《老子·四十二章》）。生既然为天地之道，人就要遵从与顺应。

2. 生是宇宙永而普遍的表现

生是大化流行、生生不息。例如，"天何言哉？四时行焉，百物生焉"（《论语·阳货第十七》）；"天地万物，一人之身也，此之谓大同"（《吕氏春秋·有始》）；"二气交感，化生万物，万物生生而变化无穷焉"（周敦颐《太极图说》）；"道则自然生万物"（《二程集》）。宇宙中的生命现象是一个统一的整体，人对其他生命的关心，也就是对自己的关心。

3. 生命由天之所出，故应受到尊重

例如，"惟天阴骘下民，相协厥居"（《尚书·洪范》）；"尽其心者，知其性也，知其性，则知天矣"（《孟子·尽心上》）；"天地以生物为心，而所生之物，皆得夫天地生物之心以为心，故人有不忍之心"（朱熹《仁说》）；"民吾同胞，物吾与也"（张载《正蒙·乾称篇》）。对生命的敬重，也就是顺应天理。

4. 生是最高的道德范畴

例如，"天地之大德曰生"（《易经·系辞》）；"唯天下至诚，为能尽其性；能尽其性则能尽人之性；能尽人之性，则能尽物之性；能尽物之性，则可以赞天地之化育；可以赞天地之化育，则可以与天地参矣"（《中庸·天命》）；"生之性便是仁"（《二程集》）；生就是"亲亲而仁民，仁民而爱物"（《孟子·尽心上》）。既然天地以生为道，对生命的关爱也就成为循天重道的最高道德规范。

"生生"思想把生命与生存看成宇宙的本质，各种生命现象不是孤立的，而是关联的；不是对立的，而是和谐的。它们相互依存、互为关系、共生共荣，形成宇宙生态整体。因此，对生命的尊重，就不仅仅是着眼于人，还须兼及天地万物。这样，中国古代的"生生"思想通过对生命、生存本质的深刻把握，把人与人、人与物、人与自然的关系统一起来，在一种宏大的生存视角与博爱胸怀的层面上，实现了人对自身世俗立场的价值超越，从而使人在对待自我、他人、自然的态度上有了更为符合万物一体这一终极走向的智性选择。

（三） 追求美善的文化传统

所谓美善的文化传统是指中国古代人们在自然关系、社会关系中表现出来的注重事物整体和谐、追求天人融洽共通的文化传统，其特征是以天（自然）人一体的整体性为出发点，以天人关系的和谐融通为归宿。人的一切行为，必须与自然的规律与要求保持一致，天人关系的和谐融通，是人合理生存的原则。在这样的价值基础上，中国传统文化形成了不追求人本体的狭隘利好，而更注重事物关系的整体谐调融洽和由此形成的完美关系；不刻意于事物间的个性诉求与功利得失，而更在意事物相关性的整体利益与长远目标的文化传统。这一传统是中国传统文化有别于西方人类中心主义文化和所谓求真文化的显著品格。

中国文化是天人一体的文化。我们的祖先以农业为生存之本，农业生产对自然规律的依赖性很大。中国人常说的"靠天吃饭"就是讲的这个道理。对自然规律的顺应和尊重使我们的祖先必须站在天人统一的立场来看待人与自然的关系。在古人看来，自然是一个相互依存、相互关联的有机整体，这个整体的和谐融通是一切事物合理存在的前提。儒家的"天人合一"、道家的"道统万物"、佛家的"依正不二"都是讲的这个道理。所以，古人看待问题不是简单地以人为目的，而是以人和天（自然）的合理相融为最高原则。

所谓求真文化是指建立在物质细分和功利权衡基础上的文化。从人的角度讲，这种文化当然有其合理性，它维护了人的利益。但从人与世界的关系讲，它又是狭隘与自私的，因为人的利益只是万物共存的利益的一环，归根到底，它应该让位于万物共存的利益，否则，人的利益只是短暂和有害的。对利益的追求，确实存在大与小两种境界。

再来看看真、善、美的关系：真以客观为前提，美和善以真为前提；美和善可以包含真，而真却不一定包含美和善；真是实际的利益，美和善则是更为远大的利益；美和善是事物的合理与融洽，而真未必是合理与融洽。因此，美善文化是一种更为宏大豁达的文化，它是一种在真的基础上升华了的智性文化。中国传统文化中和谐包容、兼济中庸的文化特点，就是这种文化传统的典型表现。

第二节 中国传统哲学与视觉艺术精神

一、儒学与视觉艺术精神

（一）儒学的宇宙观与视觉艺术精神

儒学的最大贡献是为中国文人和士大夫提供一种普遍关怀及一切存在的宇宙心灵。

每一个艺术家在艺术创作过程中，必须首先接受历史文化给他的语言，并理解语言。他接受和理解语言的同时，也已经让历史文化在理解中进入他的时代，以及他的现实存在，并参与形成了他对自身的理解。因此在进行任何解释文化或历史的活动时，解释者必须要卷入他已占有并理解的语言，实际上他也已有对自身的理解，所谓"成见"的构成。中国的水墨艺术在几千年的历史发展过程中已经形成一整套完整的"图式"概念，有人称之为"中国黑白的体系"。中国的水墨艺术离不开中国特有的笔、墨、纸、砚等工具材料，艺术家以此为媒介把自己对自然的体悟宣泄出来。众所周知，艺术品质必须有人工制作的物质载体，即艺术家必须将自己的"心象"确定在一定的物质材料上，成为物态化的东西，也只有在这"物态化"的过程中，他的"心象"才能呈现。中国的智慧全在于这物质材料上，这支毛笔的中介能使人的"内气"传导到手臂并注入于毛笔的笔端来实现从"感"到"有"，当然还有独特的"墨"与"纸"。中国的水墨艺术"以意用笔"的实质就是"以气用笔"。《石涛画语录》的精华就在于"法于何立，立于一画……吾道一以贯之"。其中"一画"是关键词，"夫画者，从于心者也。"（石涛语）人体内部微观物质有规律的运动形成了人体的内气，内气携带生命体的能量与信息运笔，即以意念与体态、调息相配合来导引人体的内气用笔。由于人体内气的自常运行是连续贯通的，其操纵笔的运行也是连续贯通的，一气贯笔自然就成为气运用笔的主要特征。一气贯笔就是以一气贯串意与笔，使内气携带生命体的能量与信息不断地注入笔端，中间不停顿，笔断意连、气连，使笔笔送到家，收笔时敛意回气，暗回而空折使意气收回不散。一气贯笔，自始至终一气呵成，不填不改，此间意气神趣皆在笔迹之中，因而理解了修炼与运气，也就自然理解了石涛的"一画"论。我们不应用现代西方的一套绘画理论去勉强解释中国的水墨绘画理论，实则如前所述，中国的水墨艺术与西方视觉艺术常常只能用"下三界"的词语强而为之，用许多比喻强而说明之，即"以手指月，但手非月亮也"。即使是许多当今中国的水墨艺术家没有修炼过，没有体悟到"中三界"中的境界，但其使用的"语言"仍然是"中三界"物化出来的"语言"，只是徒有形式而已。当然通过"现代化"的转换在操作层面上不断吸取西方构成形式或肌理效果的表面视觉语言可能更能为现代的观众所接受。但问题是这种"语言"与"图式"由于它的"集体无意识"，它被接受的程度与范围仍然有限，正如有人指出，"水墨画从媒材到技术手段都是传统文化的产物，是古代文人抒胸中逸气表林泉之心的特有方式，这种方式与产生它们的情境有着不可分割的依存关系。"实际上，在"有界"和"下三界"使用的视觉语言，西方视觉艺术几千年的积累与实践，已产生出整套完整的表达方式，他们更适合"向外推进"，表现当下社会生活的变化。而我国的水墨艺术走的却是完全相反的路径，我们更适合"向内回归"表现自身生命的体悟。所以用中国水墨艺术的一整套方法去表现迅速、激烈动荡变化多端的社会学问题是比较困难的。因此提到了以前资中筠发表在《文汇报》副刊上的一篇文章，她认为同样是淡墨山水，同样是花鸟鱼虫，古人和今人的作品气韵、味道就是不一样。古人的水墨画不着丹青，常使人感到"画"似乎没有边缘，没有轮廓，不知始于何处，终于何处。而且画中有诗"胸中自有丘壑"，似乎古人离大自然更近，或者说画者与造化浑然一体，使人感到那时天是蓝的、水是清的、人是闲的、心是静的神思悠远……她通过直觉感悟到了其中的问题。中国古代水墨艺术中要求艺术家的重点是气静神凝，内气阴阳调和、气运匀畅，气静则心静，神凝则排除心中杂念，使心神集中"凝想"，精神聚心气足，这样水墨艺术中的"意象"才能由心中萌发，才能"天人合一"，这样产生出来的"图像"当然有一股"清气"、一股"静气"、一股"灵气"。现代人以及现代艺术家面临的诱惑和不得不应付的烦心事实在太多了，许多东西使人静不下心来，许多画展赞助单位一大串，大都与艺术无关，而且现代人已越来越远离自然，真正做到返璞归真很难。

（二）儒学的人生观与视觉艺术精神

中国古代水墨画那种"意境"及笼罩在画中的"气场"只能产生在当时的那种环境、那种生活方式之中……艺术家在进入"气功态"之后即排除杂念，收视返听，使内心或大脑进入一种虚明的状态之后开始作画，然后进入到石涛的"一画"，"人能以一画具体而微，意明笔透"。理解了中国古代的"气"也就理解了中国古代思想文化，也就是理解了中国古代水墨艺术，也就理解了中国哲学的"三界"特性。中国水墨艺术如果只在操作层面上循环往复，不探究其背后隐藏的内涵，那只能成为"俗品"，成为泛视觉艺术了，操作理论从来不是一个封闭的自足的领地，其延伸的幅度与动力也并非来自操作层面的内部，许多具体的操作技巧关系之中都蕴涵着对艺术本体的理性思考。只有通过它，操作层面的理论才能得以不断演化与更新，如果一味强调操作技巧，没有基础理论的开拓，那任何实用的操作，都将陷于无理性导航的盲目之中。西方艺术学家认为，"艺术品是在它的内部结构中，在它与现实和社会的关系中，在它与创造者与接受者的关系中，以符号形式呈现出来的。"这种把艺术品放在它与社会的外部的现实关系，与创造观赏的内部心理关系和它自身结构的关系三重结构中来研究考察，是一种相当完整的方法或途径。把艺术看作多元因素的现象，可以把它作为观众、作者、环境各种成分或因素的相互制约的有机整体来研究考察，也可以对作品各形成因素作精神的结构分析。而通过对各种艺术现象的分析考察，无疑将发现许多具体的审美和艺术规律，当今中国的现代水墨艺术无疑应该从这里开始，在三重结构中来研究考察它的发展前景。对此也有一些艺术家对水墨艺术进行了孜孜不倦的创作与实践。把握住中国水墨艺术的"内部结构"，由此出发看看它在和现实社会的关系之中，在创造者与接受者的关系之中能够推进到何种程度，它的极限在何方。只有这样去看问题，我们才能得到正确的方法与发展途径。中国水墨艺术的符号形式在西方人看来比较单一，因为它是一种"心印"，存在于"无有""有无"之间，是"黑与白""白与黑""黑白灰"，是在"有无界"中"三界"的问题。如果我们只停留在中国传统水墨艺术原有的图式的表层，西方观众接受是比较困难的。从全球化的角度看，它关系到人类文明向更高层次的跃升。中国水墨艺术在表现"惚兮恍兮，其中有象。恍兮惚兮，其中有物"的境界或状态时真是妙极了，它利用墨笔在水、渲、染、渗、透中可以做到恰到好处、天衣无缝。以大的时间跨度、远的空间角度来看这宇宙万物，自有一种"帷恍惟惚"的感觉。为什么"惟恍惟惚"？因为万物皆变化，周行而不殆。对人生命体复杂性的重新认识，对"天人合一"思想的理解，特别对自然生态环境的进一步认识之后会逐步发现中国水墨艺术的精华所在、奥妙所在。著名美籍华裔物理学家李政道博士在获得诺贝尔物理学奖后的一段致辞，对中国水墨艺术的重新发扬光大是有启发意义的：牛顿力学已被量子力学所代替，在量子力学中有一条很重要的定律叫作"测不准定律"。这条定律说，我们永远不能测准一切，任何物体假如我们能完全测定它在任何一一时间的位置，那在同一时间，它的动量就无法能固定，对普通一般物体而论，动量不固定，就是速度不固定，既然速度不固定，那也就无法完全预定这物体将来的路线了……因而近代物理学有些看法，和中国太极和阴阳二元的学说有相似的地方。因此量子力学的创始人，丹麦大物理学家玻尔教授，在他被封为爵士的时候，选了中国的太极图案作为他的徽章，象征着中西文化的融合。

二、道学与视觉文化精神

道家从自然无为出发，倡导古朴、守柔、不先、无为的逍遥人生，以求达到无名、无功、无己的人生境界，实现长生久视的人生目标。因为追求外部世界的精彩，会使人邪念膨胀，搅乱内心的平静，为此，必须彻底否定"心""知"的外在作用，进行内在的心性修养，使之顺应自然，使人向着精神超越的方向发展，让人向自然复归，赋予自然以精神价值，不因生而喜，亦不因死而悲，把生死置之度外，独与道相合一。这种人生态度，高度张扬人的道德价值，强调人的道德认同，把个体的生命价值完全归结为人的道德价值。使人生从有限进入无限，从有涯进入无涯，从必然进入自由，以实现精神的超越。它让人们身处道德的俗世，却超越于俗世之外，面对无法真正践履道德的尴尬，以退避的态度从容地进入淡泊的境界，从而消解"我"的对立和"人我"的矛盾，实现人生的逍遥。

（一）道家文化与中国画

道家文化作为中国传统文化的重要组成部分，对中国文化的影响主要表现在思想、文化及社会政治各个方面。同时也极大地影响了中国古代的视觉艺术创作，给艺术创造性想象以极大的启示。

中国画从唐代起青绿山水渐废而文人水墨山水肇兴，道家美学的影响是一个不容忽视的原因。这是因为，光线明暗和色彩在中国艺术中始终缺乏如在西方艺术中那样神圣与本质的作用，因而一旦文人介入绘画创作，他们那深受道家思想影响的意识形态最终便选择了更本质的黑白，即水墨。水墨作为创作的媒介，其间的理由可追溯到老子的思想。恰恰是老子首先认为，色彩不是本质，仅起炫耀眼目"五色令人目盲"的作用故而"圣人为腹不为目""是以大丈夫……处其实，不居其华"，"色"和"华"作为表象，与"腹"和"实"作为本质形成明确的对立。其次，老子对于"素"与"玄"二种无彩色高度重视，即"见素抱朴"和"玄之又玄，众妙之门"。

中国画对墨色的选择，是中国传统道家哲学对形式美的审美理解的产物，这个审美理解就是追求事物最本质、最朴素的一面。因为道家这种归朴尚素的审美意识的影响，陶冶了历代画家，故他们摒弃五色，独用水墨，无怪乎王维在其画论《山水诀》中第一句便言"夫画道之中，水墨为上"。中国道家思想影响下的中国画艺术特有的留白手法，中国绘画艺术是中华民族经过几千年的发展所形成的。老子"万物负阴而抱阳，冲气以为和"，庄子"阴阳于人，不翅于父母"，"人大喜邪，毗于阳；大怒邪，毗于阴。阴阳并毗，四时不至寒暑之和不成，其反伤人之形乎！"老庄哲学以阴阳解释自然界的两种对立与相互消长的物质势力，并肯定地指出阴阳的矛盾势力是事物本身所固有的。阴阳构成天地，同时也构成一个充满神韵的水墨世界。山、地、树、人有画处是阴；水、天、云、雾无画处是阳，阴阳原本是相对立的事物，但却统一融合于一张画面之中，达到了一种和谐之美。再次，有画处和无画处是虚实的辩证关系。老庄哲学在虚实问题上有极为高妙的智慧，《老子·十章》言："三十辐共一毂，当其无，有车之用。埏埴以为器，当其无，有器之用。凿户牖以为室，当其无，有室之用。故有之以为利，无之以为用。"可以看出虚实互用，虚处并不是真正的虚无，而是大有文章，"天下万物生于有，有生于无。"虚实奥妙，早就被老庄点破，并且老庄更强调虚无的作用。虚无不是零而是隐，是"少"，"少则得，多则惑"，虚无蕴含着无限之实用。中国画之所以强调画之虚处，是因为无画之虚是灵气往来生命流动之处，虚实的位置处理可以大大扩展绘画空间的表现效果，也是一个增加画面层次的手段。一张画之中，虚虚实实，相互对立，而又相互融合，使整张画在对立统一的矛盾体中，给人以无限遐想。由此可见，我国绘画的留白之美是黑与白、阴与阳、虚与实的互补关系中显现的一种对立统一的和谐美。它是道之无，虽视之无形，却"其中有象""其中有物"。这种空白是画中形象含蓄的延续，它不著一墨，趣韵自生。它以空幻朦胧的形象体现一种天趣妙境，此之"妙"为，空灵之妙、神韵之妙、含蓄之妙，此之境，启人想象、令人咀嚼、让人回味无穷。

（二）庄子思想对中国视觉艺术的影响

庄子对于艺术的探讨和阐发，尤其值得注意。尤其"解衣般礴"这个故事，影响于绘画方面更大，成为画家的口头禅。在这一段故事里描写画家的态度檀檀不趋、从容不迫、胸有主宰、目无国君，解去世俗的束缚，独抒艺术的天真。具有这种昂首天外、独立不倚的艺术修养，始能熔铸造化，挥洒云烟，虽未下笔，已知其必能有不同于人的作品出现。至于那些恭敬谨慎、舐笔和墨、唯命是从、心无主见的画家，可能都是些庸庸碌碌之辈。如若从根本处着眼，品格高、修养富，作品自无不佳。

第三节　中国传统审美与视觉艺术精神

一、中国传统文化与审美

（一）心物感应的审美基础

心物感应论，是我国古代具有朴素唯物主义色彩的认识论，在这基础上形成的美学思想，也具有唯物主义的因素。审美属于广义的认识论范畴，我们分析审美心理活动，首先就要涉及审美活动的产生是在心还是在物的问题，也就是说，美存在于心还是存在于物的问题。按照我国古代文论中的心物感应说看来，艺术审美活动的产生，是由作家主观精神活动和客观之物相互作用的结果。在这二者的关系中，物的因素是第一位的，由客观物象带来的刺激才引起主观心理的活动。艺术创作和鉴赏都是审美活动，没有客观之物的诱发，审美活动就无由发生。这种诱发作用，有时是直接的，有时是间接的，但就审美活动整个过程来说，客观之物是基础，只有在心和物的接触交往、相互作用中，才能产生艺术，产生美感。

（二）情志合一的审美判断

我国古代以儒家为代表的美学理论，更多的是强调理性在审美中的地位和作用，主张真善美的统一，其中，善具有决定性的意义，甚至视为善就是美。在心物感应的基础上，他们把纯正的思想志向和道德情操作为审美判断的主要标准，把伦理道德中的善恶观念作为判断美和丑的主要标志。这在我国古代美学史上，是占有统治地位的审美观点。

（三）兴到神会的审美活动

在审美心理活动中，理智并不作为抽象的逻辑形式出现，而物象又不是照相似地机械反映到头脑中。当心物感应时，物作为心理活动的对象被反映到头脑中，成为情志所依托的意象。而对于这些被反映的事物的认识，又不是靠纯理性的判断，而是在保持了直觉活动所具有感性的、形象的特征时，对事物之趣或道德伦理意义，有所觉悟，有所感触，潜移默化。这种艺术思维活动，在我国古代文论中，有的称之为"兴会"，有的称之为"妙悟"，有的称之为"神遇"。总之，是一种不同于逻辑推理的思维活动，是一种兴会神到、心领神会的审美心理活动，在我国古代文论中，不少人特别重视这种审美心理活动的分析，认为它接触到了审美心理的内部规律。

二、中国视觉艺术审美与时代性

（一）美与善的统一

中国艺术思想历来强调艺术在伦理道德上的感染作用，表现在理论上，便是高度强调美与善的统一。通观整个中国艺术思想史，美善统一始终是一个根本性的话题，只不过在不同的历史条件下和不同的艺术思潮中，对善的实质、内容的理解，以及美善如何获得统一的看法有所不同，在儒家美学中这一点最为清楚。尽管中国美学一开始就十分注意审美同感官愉悦、情感满足的重要联系，并不否定这种联系的合理性和重要性，但它同时强调这种联系必须符合伦理道德的善。由于中国美学强调美与善在本质上是统一的，并力求要实现这种统一，中国美学经常把审美同人的高尚精神品质和道德情操联系在一起。在绝大多数情况下都严格地把纯粹的官能享受排除在审美之外，认为把两者混同起来是错误的、有害的。中国艺术思想要求作品具有纯洁高尚的道德感，注意艺术的社会价值。

（二） 情与理的统一

中国艺术思想远比西方的古典艺术思想更为强调艺术的情感方面。它总是以情感的表现和感染作用去说明艺术的起源和本质。这种不同，也分别表现在东西方艺术的发展上。在古希腊，得到充分发展的艺术部分都是再现性很强的艺术，如史诗雕塑、戏剧。而在中国古代，则充分地发展了艺术表现情感的功能。中国古代的诗也绝大部分是抒情诗，为中国所特有的书法艺术，与中国古老深厚的传统有着深刻的内在联系。

中国美学强调情感表现，同时又十分强调"情"与"理"的统一，即要求艺术表现的情感是合乎伦理道德之善的情感，而不是无节制、非理性的情感。中国艺术思想也讲艺术真实，但不是对真实外界事物的模拟再现，而是情感表现的合理性和真实性。中国美学极少如西方美学那样讨论美与真的关系，真就包含在善之中，善必定同时真，因此"情"与"理"的统一，既是与"善"的统一，也是与"真"的统一。"理"兼真善，"理"要渗透到个体内心情感的最深处，《易传》所谓"修辞立其诚"，所谓"言，心声也；书，心画也"等，都明确指出了这一点。中国艺术思想认为真正的艺术是贯穿在个体人格中对善的情感的真实表现，"理"与"情"应当融为一体，不可分离。

（四） 认识与直觉的统一

认识与直觉的统一是视觉艺术审美与时代性的表现之一，在许多情况下，审美心理活动最突出的特点是，一见到美，整个身心便被震动、被吸引以至陶醉，这个情况是任何人都能体会得到的，人们能够感受美、欣赏美，但是让他说出为什么，他却说不出来。理性派心理学家和艺术家对于什么好、什么不好尽管可以很清楚地认识到，却往往不能够替他们这种审美趣味找出理由。"不喜欢的作品缺乏一点说不出来的什么，那喜欢的作品就有一点说不出来的什么。"这句话，在西方经常被引用。当然，一般说这种现象在欣赏自然美、人体美和反映人体、自然美的艺术作品中比较明显。如果就文学作品的欣赏看往往还不一定是这样，因为在今天看来这种说法是不符合辩证唯物主义认识的，却符合人们的审美实践。我们并不否认审美活动有感性的特点，但我们要能把握审美的这种直觉活动。审美活动中感性的因素很活跃，感知、情感与科学认识活动有很大的不同，甚至与道德的意识活动也有很大的不同。但从整体来看，审美这种直觉活动恰恰是和理性相联系的，是不脱离理性的。过去有的美学家实际上一直在强调这个东西，一些具有唯物主义思想的美学家他们也都是从事实出发强调了这一点。车尔尼雪夫斯基讲美感认识无疑是在感性认识范围里的，但美感认识与感性认识毕竟有本质的区别。把美感仅归结为一种感性认识活动是不符合实际的。在美感里，理性活动渗透在感性活动中。审美活动中属于感性的各种要素和属于理性的各种要素组成了一种特殊的联系、特殊的关系，从特殊联系和关系中产生了审美心理的整体属性。黑格尔对这种属性阐述得很到位，他就是从感性和理性的统一中去把握审美心理的。他认为审美也好，艺术也好，是必须有理性认识的，但他又讲理性认识并不是回到抽象形式性，也不是回到抽象思考的极端，而是停留在中途一个点上，在这个中途的停留点上，内容的实体性不是按照它的普遍性而是单独地、抽象地表现出来，并仍然融会在个性里，这个思想很重要，是认识与直觉的统一。

在中国的视觉艺术设计中，视觉艺术审美不仅存在以上共性，还在传统文化的影响下表现出具有传统哲学思想与色彩的个性。中国艺术思想很早就认识到艺术不同于科学认识的重要特征，但始终没有把直觉与认识绝对分割。在中国美学的各个主要派别或思潮中，儒家最强调艺术的概念与认识的功能，但也并不完全忽视直觉的作用，如孟子所谓"圣而不可知之谓神"。道家、禅宗的美学最重视直觉的作用，但又不因此而否定概念的作用。主张"非多读书，多穷理，则不能极其至"，充分肯定审美与艺术的直觉离不开认知。要求美善统一的中国古代美学始终贯穿着鲜明的理性主义精神，却又不否定直觉和情感，而且极为重视它在审美和艺术中的重要作用，从而与西方古典美学所倡导的理性精神大为不同。

第四节　传统艺术元素对现代视觉设计的影响

一、传统文化元素之于现代视觉设计的意义

对中国传统文化元素在现代视觉设计中的应用，我们应该从文化层面出发，透过表象的传统文化元素去理解内层的文化价值与意义。这不仅仅是简单的元素符号的粘贴，而是通过元素符号再次审视所代表的时代文化，是一次重返历史的文化旅行，是古与今的一次"文化盛宴"。传统文化就在那，关键在于我们如何去仔细品味。

当今设计界盲目的"西学热"使得设计文化处于一个迷茫与徘徊的状态，设计文化是否到了被质疑与批判的程度，我们暂且不说，值得提出的是，我们现在的确需要一种超越的精神，突破当今设计界的浮躁文化，用一种精神理念来规范当今的设计文化，而这种精神理念，需要我们从传统文化中寻找答案。要让多元思想、各种观念的交汇丰富当今时代的需求，满足大众不同的个性需求与审美需求，使整个时代呈现出"百花齐放"的局面，但现在"百花"开得并不鲜艳，更多的是杂乱。现在已经到了该净化心灵的时候了，回到传统，本身就是一种超越。

回到传统、净化心灵的意义就是让我们回溯历史，追寻传统文化符号所代表的那个时代的文化意义，以解决当今设计文化迷茫与徘徊的状态。最具代表性的中国传统文化元素青花瓷，以其温润、淡雅的文化内涵让多少文人骚客为之倾倒。青花瓷不仅代表中国人的品格，更是代表中国对外的形象符号。其独特的文化品格一直被追封为中国传统文化元素的核心形象代表。当代设计作品中，就有许多运用青花瓷这一传统文化元素进行创作的成功例子，如丙火机构创作的女足海报作品《品茶论"足"》之所以成功，是因为通过提取传统文化符号"青花瓷"的文化品格，体

现出女足盛宴的文化内涵。从这幅作品中，人们看到了一种"喝茶盖碗"的休闲文化，它作为成都文化的一个缩影，是整个作品选材的亮点，令人回味无穷。

每个时代对传统文化元素都有其特定的理解与定位。在当代社会语境下，当代艺术设计中对传统文化元素的运用应赋予其全新的文化意义，以迎合时代不断创新发展的需求。随着当今社会文化的进步，人们的文化水平、认知意识不断提高，曾经被定性的文化艺术可能要再被赋予新的时代内容，对传统文化元素的认知也需与时俱进。提倡观念创新，敢于突破传统文化的束缚，是对传统文化元素最好的运用方式。

二、传统文化元素在现代视觉设计中的体现

（一）传统文化元素的外在表现

1. 符号

符号是在文字尚未出现之前，用来记录、表达、区别某种其他事物的记号，它传递着一定的信息，有着象征的作用。例如，原始社会时期的图腾标记或部落图案等，不仅是为了给敌人造成恐惧感，还是为了传达部落信息。

在一种特定的环境与认知的体系中，符号是具有一定含义的意象，它可以是一种图形或是文字的组合，也可以是某种建筑造型，甚至是某人某物。比如说到北京的符号，到底什么可以是北京的符号，它可以是天坛、可以是胡同、可以是冰糖葫芦等。也就是说符号是一种由人们认知习惯而产生的某种特定象征认知、是人们探究客观事物的信息，但由于信息是非物质化的，是某种意义或思想的表现，它必须有属于自己的载体，只有通过载体，人们才能将这些信息记忆、留存、深化。符号的作用就是用某种事物的特征传达某种含义，它是一种具体化的表现方式。例如中国抽象符号——福、禄、寿、喜、财，虽然在历史的不断变化中，形状发生着各种各样的改变，但是我们仍然能看出这些符号里面原本有的含义，从图案中可以很明显地看到福字、喜字、铜钱形状的缩影。

而与文化相关的视觉设计，往往会从传统中获取灵感，以文化中最具代表性的元素表现设计主题，通过形式上的变化，形成新的视觉形象。比如李中扬先生

设计的"视觉新北京"——数字天坛海报，运用了模糊、重复、堆叠等手法，以数字的形式堆叠出北京的代表建筑——天坛，其形象本身是华夏文明的沉淀，是中国古代文化的载体，作品使用数字化的形式对其进行加工再创造，突出天坛正以现代化的方式展现在世人面前。再比如，北京的冰糖葫芦，总能让人联想到孩子拿着糖葫芦时候的幸福表情，以其为视觉元素，在设计上进行结构组合，传达出种喜悦的视觉感觉，十分恰到好处地展现了北京的视觉形象。

2. 图形图案

中国传统图形图案源于原始社会的彩陶图案，至今已有 6000～7000 年的历史，形式多样，种类繁多，是中华优秀传统文化的集中体现。西方传统图形大多是对自然的模仿，而中国传统图形在模仿自然的前提下加入了创作者对自然的理解和再创作，并会根据使用目的的不同呈现出不同的图形状态。这是中国传统图形有别于西方传统图形的最重要之处。

原始社会图形图案，从原始社会流传下来的图案，以出土彩陶图案为代表，具体有动植物、水纹、火焰纹等。

古典图形图案，是从古代所流传下来的图形图案。中国自古擅长使用图形，其中具有典范性的图形图案被称作典型图案。例如商周时期青铜图形图案中的饕餮纹、夔龙纹，战国时期漆器、金银错器、刺绣中的草叶云纹、鸟鱼云纹等，秦汉时期瓦当、画像砖、石刻、织锦上的动物图形及具象的吉祥图案，如鹿纹、双獾纹、四兽纹、夔凤纹等。此外还有南北朝时期的石窟装饰图案，唐代唐三彩陶器、铜镜、碑刻金银脱漆器、织锦印染品上的图案，宋代瓷器、织锦、刺绣、缂丝上的图案，元代雕漆、织金锦、釉里红瓷器上的图案，明清时期青花瓷器、景泰蓝、织锦、刺绣、玉器上的图案。

古典图形图案内容丰富种类繁多，官制器皿刺绣等所用图形大多因其用途而有特别的含义，而民间所用图形多以辟邪求福、祈祷富贵安康为主。

民间和民俗图形图案，指在人民群众中创作并流传的具有民间风格和地方特色的图形图案，其中包括根据各地民间节庆风俗而设计的应景图形图案。例如，苏州元宵节民间灯彩图形、桃花坞木刻年画图形、天津杨柳青年画及剪纸图形以及各地的织锦、印染、刺绣图形等。其中典型的有为了祈福消灾的五毒形象以及希望延年益寿的寿桃和佛手等图形。

少数民族图形图案，指我国众多少数民族在长期生产和生活中创造并流传下来的具有本民族特色的图形图案。例如，蒙古族银器及木器上惯常使用的"乌嘎拉吉"（泛指所有类似犄角形的卷曲纹样）、云南少数民族织物上的象纹和孔雀纹等。

使用传统图形图案进行设计更能引起本民族人民的文化共鸣，并且能更好、更形象地说明问题，使设计品在目标人群中更准确地发挥信息传播的作用。

例如，中国银行的标志设计使用了中国古代铜钱的形象与中国的"中"字进行图形同构。铜钱的图形在古代有着"招财进宝""财源广进"等美好寓意，如财神年画脚下的铜钱、茶宠貔貅嘴里衔着的铜钱等。在中国的文化概念里，铜钱的形象就寓意着金钱，有铜钱形象的地方便与金钱相关，这种观念深入人心。所以中国银行的标志设计很好地利用了这种文化现象，使用一个标志一语双关地道出了"中国"与"钱"这两个概念，很好地向受众传达了"银行"的场所性质。

3. 色彩元素

色彩是一种世界性语言。有研究表明，受众对视觉设计的最先感觉是色，然后才是形，在最初接触的 20 秒内，人的色感为 80%，形感为 20%，由此可见，色彩对于视觉设计的重要性。

每个民族对于色彩的感知度有着显著区别，这种具有民族性色彩喜恶的心理往往源自其民族的传统习俗。例如，在中国，黄色代表高贵，是因为它是古代皇室帝王专用的颜色。但在巴西，黄色则是代表了绝望，这是因为他们认为人死就犹如黄叶凋落，所以忌讳棕黄色。可见，色彩的喜好显现出一个民族鲜明的文化特征和独特的审美情趣，因此对中国色彩元素的准确运用对于中国现代视觉设计来说是非常有意义的。

易思羽在其《中国符号》卷八"升平春色篇"里将中国色彩分为了红、黄、青、蓝、紫、黑、白、灰、金、胭脂、桃红、绛色、湘色、赭色、褐色、米色、苍色、茶色等颜色。依据对中国传统色彩最本真的研究，以及通过与现代视觉设计相融合，将中国色彩元素分为以下两大类。

（1）三原色。

中国传统的三原色不同于西方的红绿蓝，更不是外国人一直以来认为的大红大绿。中国的红绿蓝分别是：珊瑚红，松石绿和青金兰。这三原色是天然矿物质颜料，最早多用于官窑瓷器或宗教人物的绘制，分别具有不同的含义：珊瑚红色调沉着含蓄、娇美大方，代表着吉祥富贵；松石绿作为冷色系里最温暖的颜色，给人以平和安康的美好感受；中国寺庙里菩萨和如来多是头顶青金兰，因而它代表了高贵庄重。

（2）五色。

玄（黑）、白、赤（红）、黄、青，即形成了我们祖先很早提出的"五行五色"的色彩观念。古人从自然界提取出这五种最基本的元素，最纯正的颜色，同时也与中国传统文化里的"五行"——金、木、水、火、土相对应。白代表金，是金属光泽色；木是青色，生命萌芽之色；水为玄（黑），表深远无垠；火为赤（红），是火焰燃烧之色，因此中国民俗里的红色象征了喜庆红火，具有代表吉祥、庆典的特点；土是黄色，为地气勃发之意，因土居天地之中，在五行中为尊，意为天子，所以古代皇帝着装皆为黄色，显其地位高贵、庄重，意为正统、尊崇。

中国传统色彩元素在封建奴隶社会中的运用必然与其当时的等级制度有密切关系。当时的统治者对色彩的装饰喜恶形成了以五色为独尊的色彩文化观念：五色为正色，位高于间色，其次为复色。宋朝之后，黄色位居五色之首，"以黄为贵"为皇帝专用。所谓"紫气东来"，紫色在间色中地位最高，也是表示尊贵的颜色。

中国京剧脸谱就是利用五色为基础来创作的。充满智慧的设计者给每一个颜色都赋予了生命和性格。通过在脸谱上大胆运用夸张的原色来表现每个人物，强调其个性特征，红色表侠义忠勇如关羽；黄色是彪悍暴躁如晁盖；黑色直爽刚烈如包拯；白色则多奸诈阴险如曹操。这是中国民间传统色彩审美观对于色彩最本真、最富有情趣的认知。虽然现代社会等级制度早已消失，但是这种以正色为上，追求强烈视觉冲击力的中国传统的色彩文化观念或多或少影响着当今的现代视觉设计，并且值得现今的人们加以借鉴与发展。

4. 文化风格元素

（1）汉字。

汉字，即为中国字，是迄今为止连续使用时间最长的主要文字，也是上古时期各大文字体系中唯一传承至今的文字。目前确切的历史可追溯至公元前1300年的甲骨文。在以后的数千年发展过程中，汉字形体经历了如大篆、小篆、隶书、楷书、行书、草书等演变形式，这种由繁到简、由象形文字到方块字的演变，充分体现了中国传统文化艺术独特的思维方式和审美观念。

我们可以清晰地见到汉字笔画是一种有意味的有机的组合，其中所蕴含的阴阳辩证的传统哲学精神，孕育了中国传统哲学的胚胎。中正和平是汉字最本质的美学特征，每一具体的汉字组构都体现出了"阴阳相接""虚实相间""动静相生"的美学特征。

（2）水墨书画。

书为书法，以汉字为基础、用毛笔写的、具有四维特征的抽象符号艺术，是汉字书写的一种方式法则，是中国独有的传统文化艺术，被称为中国之国粹。中国传统文化以儒家思想为核心，儒、道、释并存融合，对书法艺术有着深远影响。书法艺术深刻表现出儒、道、释三家哲学中"致中和""中庸"的哲学思想和"得天趣，通自然"的艺术境界。当今书法更是作为一种装饰性极强的符号被广泛应用于服装、包装、广告等领域。既体现了书法艺术独到的神韵之美，又能反映其所融入的主体设计作品的高雅、内涵、力量之美。

中国画在创作上重视构思，讲求意在笔先和形象思维，注重艺术形象的主客观统一。造型上不拘于表面的相似，而讲求"妙在似与不似之间"和"不似之似"。其形象的塑造以能传达出物象的神态情韵和画家的主观情感为要旨，因而可以舍弃非本质的或与物象特征关联不大的部分，对那些能体现出神情特征的部分则可以采取夸张甚至变形的手法加以刻画。深刻地体现出中国传统文化精神里"天人合一"的世界观、"和谐统一"的哲学观、"返璞归真"的人生观以及"形神兼备"的审美境界。

（3）太极。

在长达千年的时光中，古人在对圆形、对称形、图腾、阴阳概念等认识的基础上逐步形成了太极图，深深凝聚着中华民族智慧，是中国文化的始祖、中华民族的象征。"太极"这一概念包含了天地万物运行的共通规律，体现了中国传统造物观里的"天人合一""阴阳两合"的理念，影响了儒、道等中华文化流派。

（二）传统文化元素的内涵体现

1. 哲学思想

先秦时期，百家争鸣，多种哲学思想相继产生，给中国这个多民族的国家提供了丰富的思想文化，其中对后世影响最大的哲学思想主要有儒家思想、道家思想与佛家思想。儒家思想推崇人与社会的和谐发展，对于整个人类社会道德的行为举止的规范影响跨古至今，在设计中的表现，如传统器物的制作、形态、结构、色彩等都有严格的创造规范与标准；道家"人法地、地法天、天法道"的哲学思想是道家思想的精华所在，体现为尊重人与自然的和谐相处，提倡修身养性、身心合一，在设计中表现为因地制宜、尊重自然环境、讲求器物巧夺天工的美。例如，明式家具中质朴自然的风格、恰到好处的榫卯结构、协调适中的椅背与人体弧度，就是道家思想的体现，对当代家具设计思想有着重要意义。佛家主张事物本身的精神内涵、以小见大的哲学思想，打破了艺术形式上的有限性，将作品升华到"意境"的层面，为艺术形态提供了精神思想上的无限性。

2. 审美心理

丰富多彩的历史文化孕育了中华儿女独特的审美心理，传统"中和为美"的审美心理正是中庸哲学文化的美学体现，在器物上具体表现为整体造型的和谐、适度夸张的结构、四平八稳的形态特征。这种看似中庸和谐的造型表现，在精神层面上有着非常深远的文化内涵，平淡至真，于平实中追求意境的无限，于统一中展现无穷的变化，于朴实中表现耐人寻味的精神追求。传统审美心理影响了华夏民族一代又一代造物者的审美观念，而这种影响似乎又是与生俱来的，且根深蒂固，运用于当代设计中表现为不过分夸张、张扬的造型，不繁复、缤纷的色彩，却能引人入胜、发人深思、韵味深长。

3. 价值取向

中国传统价值取向主要以儒家思想为标准，个体修为表现在仁、义、礼、智、信等方面，并认为义重于利，个人的修为常以其审美标准来展现，审美的清雅、内敛、刚劲等构成了传统设计艺术美学中的价值取向。

第四章　新民艺图形设计的原则与方法

第一节　新民艺图形设计的原则

一、融汇与贯通

"融会贯通"这句成语在现代汉语词典中被解释为："集合多方面的道理而得到全面透彻的领悟。"所谓"融汇"包含两层意思，一是融入，二是深入地理解并且掌握。这里我们借用融会贯通这个成语来说明对民族传统艺术元素设计的提取与创新再造，必须建立在对传统艺术以及传统艺术要素深入地理解和掌握之上，只有做到融会贯通，才能真正地将中国传统文化艺术的精髓融入现代文化设计创意中。

另外"融汇"还有另外一层意思，就是将传统的艺术风格与现代的艺术形式进行结合，当然也可以用来指不同民族中的文化要素与艺术形式的融会与集合。在世界经济一体化日益发展的今天，我们的目光不应该再局限于本地区、本区域，我们应该将目光放远、放长，将目光投向世界，将东方文化与西方文化融合起来。我国经济领域产业化程度较低，市场相对于西方发达国家来说还不成熟，我们必须积极吸收西方文化和西方世界的有益元素，不断地充实并壮大自身。

从艺术设计的角度来看，这种融汇不是简单地叠加和生搬硬套，而是一种发散性的思维创造与文化重塑。艺术本身就是一项充满创造性，充满智慧的记忆，只有对不同的文化、不同的艺术形式、不同的艺术要素有了深入的理解，才能不断丰富自己，才能将不同艺术风格的要素巧妙地进行融合。比如在中国文化中，太极、八卦等符号是典型的传统文化造物，这些图形被广泛地应用于服饰、建筑器具等不同的艺术作品和生活物品上。太极和八卦代表了中华民族朴素的宇宙观，是中华民族认识宇宙、认识世界的一种独特的方法。因此，设计师们在利用太极与八卦的元素进行创新时，不能仅仅停留在对外形的追求和塑造上，还必须深刻地认识与理解太极八卦等传统文化符号背后的文化内涵与精神内涵，否则在应用时容易出现偏差。

另一方面，"贯通"还表现出"通达"和"和谐"的特征。传统的与现代的、西方的与东方的、不同民族、不同区域、不同种族之间的艺术文化是否能融合到一起，是现代艺术创造中非常关键的一环。想要"融会贯通"艺术工作者就必须对这些不同的文化元素进行深入的认识和理解，了解不同的文化符号、装饰纹样以及传统造物形式背后所隐藏的历史文化内涵和民族传统文化价值观念。在此基础上，设计工作者结合自己的创作理念，应用现代化的设计技巧与设计技术，寻找传统文化的艺术形式与现代时尚语言结合的切入点，通过不断的尝试来积累经验。

二、巧用与开新

"巧用"指的是会用和善用，"巧用"意味着对选取的传统图形元素和造型元素进行恰当的安排和创造性地运用，使其在保持原有风格的基础上，融入现代设计理念。中国历史悠久，地大物博，传统艺术形式极为丰富，并且同一种艺术方式，在不同的历史时期也呈现出了不同的文化特点，因此在选取中国传统元素进行文化创意产品的视觉设计时，需要对所选取元素的文化背景和历史背景进行深入的了解，否则极容易造成设计与历史文化的脱节。

"巧用"还包括正确的应用和正确的吸取，通过对传统文化元素，历史文化价值的理解和掌握，寻求古代艺术与现代艺术的平衡点，寻找二者中能产生共鸣和视觉反应的文化要素，对二者进行巧妙的结合设计，创造出具有时代价值和传统文化价值的文化创意产品。

"开新"强调的是设计过程中的创新意识。对传统图形要素再创造需要巧妙地运用。对传统图形元素和造型元素进行变形和变换，但是要保留其传统文化意蕴。在设计实践中，传统图形元素往往是想象开始的起点，在产生的众多想法中，选取一个最具实用价值的创意，将其以实物的形式展现出来。

三、再造想象与二次原创

想象再造是中国图形创新和重生必须经历的一个过程，当然这也是传统图形和传统艺术想再次焕发活力必须解决的根本性问题。想象再造，首先要对原始素材背后的信息和文化价值进行深入的分析和挖掘拓展，拓展原素材内涵的辐射面，然后在这个基础上进行新一轮的想象和设计再造。"联想"应被视为触发想象的"起点"。在中国艺术发展的几千年中，中国传统艺术有一个共同的起点，有这个起点想象再造产生了众多的艺术流派和艺术形式。比如龙纹、蝠纹在中国历史发展的各个时期都是非常重要的造型元素，至今在很多领域的设计中仍然存在。如果我们对中国传统造型艺术进行深入的分析，我们可以清晰地看到传统艺术图形和样式特点，每一个历史时期其形态都有所差别，并且这种变化不是对原始素材的否定，而是对传统素材更深层次的演变和拓展。

"原创"是指出自创作者本人，并且经过主题性、创造性的理念表达，所形成的具有独特创造性的艺术设计活动。"二次原创"是指在借鉴和使用传统的图形要素、造型要素时，要依据基本的设计要求，选择合理的设计方法与原始素材，并在充分尊重原始素材文化内涵的基础上，经过艺术变形、艺术提炼和艺术加工，使其在整体上与新设计的图形形成和谐的画面，并且具有艺术美感和艺术表达力。设计的本质是创作，只有立足于创作，忠诚于原创才能将每一个艺术家和设计师的智慧发挥出来，也才能使传统文化要素在现代视觉传达与工艺产品设计中得到更好的应用。传统的装饰图形虽然在过去的年代是经典的文化产物，但是从文化价值的传承上看，传统元素毕竟是旧时代的产物，身上或多或少地携带着旧时代的陈旧观念和文化信仰，特别是一些从考古墓室中发掘出来的器具和装饰品身上深深地烙印着墓葬文化的印记，对这一类的传统艺术品，我们不可能直接拿来用，需要经过合理的取舍提炼以及变形才能适合新时代的审美需求，才能符合新时代的价值需求。对传统文化和传统艺术的传承与发展，每一个历史时期的艺术家和文艺工作者都付出了自己宝贵的心血，因此传承至今的传统文化艺术不仅仅是时代的产物，也融入了不同地域的文化特征以及审美方式。中华民族的传统艺术和传统文化，正是经过千百年来的锤炼才表现出极具活力的文化特征，也造就了中国传统文化的现代特质。

如图 4-1 所示，作品吸取了民间剪纸的装饰特征，而在造型和修饰上凸显出现代图形的形式技巧和审美风格。

图 4-1　剪纸艺术的创新

如图 4-2 所示，作品是作者根据自己对陕西窑洞的建筑印象所作的，该图形抓住了窑洞建筑的基本特征和基本结构，以元素化的模块结构加强曲直变化，板块上的形式对比形成了特色鲜明的艺术作品。

图 4-2　窑洞元素的创意运用

第二节　新民艺图形设计的方法

一、提炼概括

提炼概括是民族图形再创造的起点，这一点我们之前已经有所提及。传统图形以及装饰图案，虽然是经过对自然物象的抽象与提炼，但是仍然显得图形结构比较复杂，形式上比较陈旧，与现代审美需求有较大的差距，因此很难直接进行应用，必须经过提炼、概括、变形、二次加工与想象，只有这样才能成为符合现代人审美的艺术作品。

提炼和概括是艺术设计和艺术表现的最基本的形式，其主要特点是以不断地提炼简化图形为主要的设计手法。提炼和概括去除的是传统文化要素中的无用部分，将最能表现古代传统文化要素的特点保留下来，并对其进行适当的变化，使其形成特色鲜明的现代审美产物。

"抽象"是一个外来词，在拉丁语中是"抽去""剔除"的意思，在英语中则有"本质""实质""抽出"等十分复杂的词意。在本书的观点中，提炼概括主要有两个方面的内容：第一是指在改造和处理传统文化要素与传统图形时，需要使用简洁的方法，提取原来图形中最具代表性的元素和最具典型意义的结构，在此基础上进行适当的夸张、强化、修饰和重组，以达到再创作的目的；第二是指用抽象的几何形态对原始的文化要素和图形元素进行演化，使原始的图形形态得到不同形式的呈现，使其在结构上更加简洁，在特征上更加突出，从而具有现代式的美感。

图 4-3 所展示的一组图形其元素取自于商周时期的青铜兽面纹，图形元素经过讲话并通过不同形式的排列方式，产生了一种强烈的节奏感和秩序感，可以用来装饰建筑和服饰等。

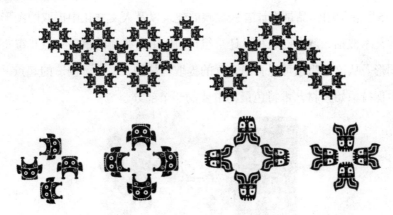

图 4-3　青铜兽面纹

图 4-4 所展示的图形中的元素选自云南藏族唐卡艺术，设计者对原图形经过简化提炼以及重新排列，使图形更加精炼。在颜色上，设计者采用的色彩基调与原图像保持一致，很好地保留了原素材的艺术特点。

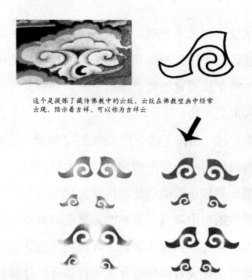

图 4-4　唐卡云纹的提取与创新设计

　　基本元素的提取和再创造是艺术设计学习的基础环节，也是非常重要的一个环节，只有能准确地提取图形中的基本艺术元素，才能真正抓住传统图样的艺术特色。

　　图 4-5 所展示的作品是设计者从藏族的建筑以及人文文化中提取的图形元素经过自己的艺术概括、艺术提炼和设计重组，创作出具有新的审美特点和审美意蕴的现代化图形。从该作品也可以看出元素的提取与构型，是艺术创造的起点，也是艺术创造中保持原始素材艺术特色最为重要的一个部分。

图 4-5　元素的提取与重塑

图 4-6 所展示的系列图形选取的是藏传佛教寺庙建筑中的某一构件上的装饰图形元素。作者将这一装饰图形元素与鸣蝉及藏獒的形象联系起来，变为一只特征鲜明、装饰感很强的藏獒图形，然后再进行多样性的组合变化，充分显示出化普通为神奇的联想力。

（a）　　　　　　　　　（b）

图 4-6　元素的提取与重塑

联想是一种积极的思维方法，同时它也是一种在思维上进行思考方式转变的一种技巧。联想大部分是从某一种物体联想到另外一种物体，有某些相似之处的东西更容易让人产生联想，因此在进行联想时要充分把握原物体与联想物之间的本质特征，这样才能保持二者之间的艺术联系。

二、变异修饰

世界是不断发展变化的，马克思主义哲学告诉我们运动变化是物质存在的最基本的方式。在自然界中四季变化、昼夜交替、阴晴雨雪，同一种物体在不同的时间、不同的地点呈现出不同的状态，不同的物体在特定的条件下呈现出相同的状态，作为一个设计者，应该敏锐地把握这些事物之间的联系，才能运用好联想与想象，构造出好的艺术作品。

"修饰"意思为进一步的加工塑造，修饰主要是强调设计者想象能力的应用，通过合理的想象，使材料加工工艺起到更好的装饰效果。无论是平面艺术设计还是工艺品的设计，经过合理的修饰能够加强艺术品本身的形式美，使其更具视觉上的冲击力。

想象能力的发挥，一是为了挖掘传统图形的设计潜力，二是为了创造更加丰富多彩的艺术形式和审美风格。在对传统文化元素进行加工与创造的过程中，创造者应该将现代文化、现代审美意识以及个人的创造力和智慧融入创作当中，只有这样才能真正开发出符合时代审美的艺术。从工艺制作的角度来看，对产品进行设计也是为了适应不同材料，科学的工艺设计能使产品的造型最大化地符合材料加工的需求，而材料则能最大化地表现艺术设计的特色，二者相辅相成。

"变异"从含义上来说，强调新的艺术设计与原素材之间的不同，当然，但也强调以原素材为基础，并最大化地体现原创作素材的审美特点，在不同的表现形式下，以一种新的审美方式来表现原始创作素材。

中国传统图形元素也是一代一代积累下来的，经过不断地变异和提炼，沉淀成我们今天所看到的样子。从这个意义来上说现代设计师也必须将自己的设计理念和符合时代审美的设计需求融入传统元素的设与改造当中，形成一种具有当前社会审美特点的传统图形。"变化"是对传统图形进行再创作的基础手段，从变化层面上的意义来说，可以变化原始图形的形态及原始图形的色彩搭配和原始图形的搭配方式，变化原始图形的文化承载意义，概括为"变形、变色、变式、变意" 4个方面（如表4-1所示）。

表4-1　图形变化的主要方式

变化方式	主要手段
变形	利用几何线形，或利用简化、夸张、打散再构的手段及表现形式上的修饰塑造，对原形进行变异
变色	对原形的色彩进行变换，或是在保持原色彩的基本调子的前提下在局部做出调整，或运用现代色彩的配置原理进行变色
变式	一方面表示变换原形的组织结构、排列方式和表现方式；另一方面，表示对应用材料的变换
变意	在具体创造过程中对原图形在保持原意的基础上，对内涵加以延伸或拓展

　　图 4-7 和图 4-8 的图形元素来源于皖南徽派建筑上的装饰。木雕装饰是我国传统的建筑领域和家具制造领域中的一种常用的艺术工艺。非洲木雕是我国南方地区的一种具有鲜明艺术特色的木雕装饰工业，其特点是精致而娟秀，受到广大学者和艺术工作者的广泛关注。

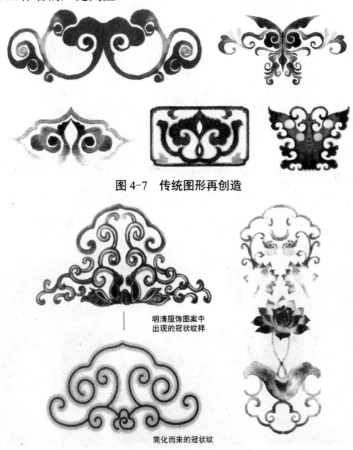

图 4-7　传统图形再创造

明清服饰图案中
出现的冠状纹样

简化而来的冠状纹

图 4-8　传统图形创造

　　图 4-9 是一组用于商场或服装博览会的服装上的图标设计。该作者在作品中采用了具有高度概括性的写意图像，闪烁性的软性色块，营造出一种浪漫而时尚的氛围。这一组图像具有极强的装饰性和现代审美特点，充分展现出了图形塑造技巧的表现手段是多种多样的，其创作思路和创作方式值得我们深入探讨并且学习。

图 4-9　服装展示图标

　　如图 4-10 所示，"歌舞伎"是日本文化中独具特色的一种文化象征意象，该组设计的作者通过几何变形，将歌舞剧以新的形式展现出来，并且保留了歌舞伎最具特色的部分，是一组非常有特色的艺术作品。这幅作品展现了作者优秀的文化阅读能力和优秀的设计能力。

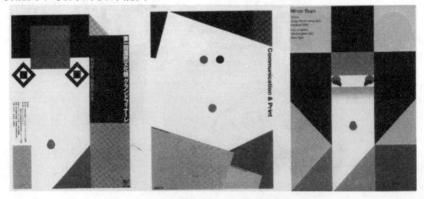

图 4-10　日本国民文化节海报

　　图 4-11 是著名艺术家韩美林的陶艺作品。在这组作品中，鱼是作者取材的原始素材，作者尝试将鱼的外形与器皿的器形进行重构，并采用传统的青铜雕刻装饰作为表现传统文化特色的手段，为我们呈现了一组美轮美奂，古朴大气的青铜艺术作品。

　　图 4-12 以太极的阴阳相承为基本元素，又赋以汉唐纹样来表现该图形。汉代

的中国，国力强盛、气象万千、科技领先、思想活跃，人们对宇宙和星空充满了浪漫的想象，因此在装饰纹样中多采用云雾、凤鸟、仙人、神兽作为装饰图案。我国汉代的染织物品、刺绣物品、漆器装饰等线条极为流畅，艺术风格极为灵动并且充满活力。唐朝时期的作品多以草花植物为主体，并将畜类、禽类等动物意象穿插其中，造型丰富，色彩艳丽。作者在创作的过程中，很好地抓住了原始素材的时代背景和时代特点，其创新再造的艺术品，既保留了传统文化的神韵，又极具现代美感，是不可多得的工艺精品。

图 4-11　现代陶艺

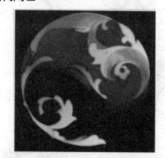

图 4-12　太极创意设计

凤鸟和青蛙在我国自古就是吉祥纹饰，在女性装饰物中，凤纹是最高贵、最雍容的装饰图形。

凤凰与龙一样，是一种存在于人们想象当中的生物。凤纹最早出现在春秋时期，之后凤纹的意象就在具象和抽象之间反复地转化与演变，产生了多种风格。凤纹的产生依托于中国艺术匠人的浪漫想象，生动地展现出了再造想象艺术元素的生命力。图 4-13 所介绍的凤鸟纹，是以湖北荆楚文化为例，其凤鸟纹造型大致分具象形、变象形和抽象形三类。

（1）具象形——以现实生活中的禽鸟为基形，然后根据创作者的主观审美进行适度的夸张演化，使得凤鸟的造型不断丰满和完整。战国中期的凤鸟形象或昂首正视，或飞动起舞，形态变化多端，造型千姿百态，表现出了高贵自信的艺术特点。

（2）变象形——在具象形的基础上，抓住凤鸟形象的主要特点，对其结构组织进行一定程度的变化和提炼。如以"∽"形为基本结构，除了头部保持凤鸟的基本特点之外，躯干则是"∽"形或涡形的装饰延伸线，形象流畅、自由奔放，颇具古拙之美。"∽"形和涡形是从青铜时代的青铜器物上留下的纹路样式，这一时期的凤鸟形象其实是对当时传统凤鸟形象的一种演化和提炼。

（3）抽象形——抽象凤鸟纹，其头部和躯干部均以抽象形进行概括，形象高度概括，给人非常大的想象空间，这一时期的凤鸟造型表现出了当时艺术匠人非凡超俗的艺术表现力和艺术创造力。

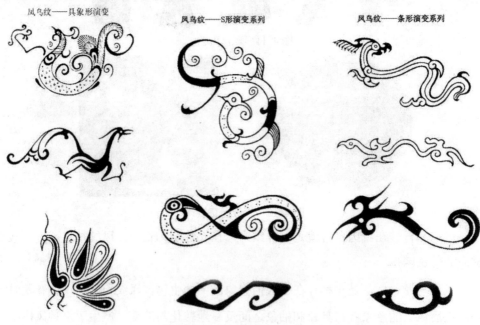

图 4-13　楚汉凤鸟纹

图 4-14 是传统万字图形的变异和修饰。从考古学来看，万字型可以追溯到新

石器时期的彩陶。数千年来，万字形纹饰反复出现在中国传统艺术领域的各个角落，其造型美感和精神魅力传承了几千年，仍然具有深远的影响力。

图4-14 万字纹变异

三、打散再构

（一）打散构成的方法

1. 原形分解

原形分解主要有两种方式，第一种是整形分解，将原来的图形要素进行分解后，重新对要素进行组合构造，第二种是局部形态的分解，在图形整体风格和态势保持不变的前提下，对局部形态进行分裂、变异、拉伸、延展等造型设计。

2. 移动位置

移动位置主要是指，新构建的图形打破了原有图形的组织架构和基本布局，通过变异和元素的重新排列，重新构造新的图形。

3. 切除

切除意义比较简单，即将原有的图形进行分割和削切。在分割和削切时，要注意以审美学的角度和手法去裁剪原图形，保留原图形最具特征和艺术特色的部分，然后再重新构建。

打散构成的方法的核心内容是将原来的图形进行某种形式的分解，或局部，或整体，或整体与局部同时切割，然后将保留下来的部分或者切割的部分进行变异转化，进行新的图形重组与再造。

打散构成的方法是一种非常古老的构图方法，在中国古代建筑装饰和服饰装饰中就已经有了运用。20 世纪 70 年代，广州美术学院的姜今教授率先总结研究了这一方法，再经过大量的实践证明其具有非常高的实用价值之后，向全国的设计院校和设计机构推广了该方法并向全国艺术设计院校进行了推广。在本章节的研究中，笔者借鉴了姜今教授所创立的部分原理和图例（如图 4-15 至图 4-17 所示），谨此表示衷心地感谢！

图 4-15 是马王堆汉墓文物上所绘制的凤纹打散的范例，在整体的构图中，将凤凰的头部、翅膀以及尾巴进行变异，构图特征最为明显，并且具有相当强的独立性和迁移性，可以独立存在应用于其他事物的装饰上。

以上所介绍的凤纹的具象形、变象形和抽象形的变化规律，都只是从广义范畴上进行了图形类型的划分，在实际应用中，每一个类别中的凤凰纹饰及变化非常繁杂，风格更是千差万别。从具体形象上来说，有的凤凰昂首举足，犹如王者临凡；有的则婀娜多姿，振翅起舞，像一个婀娜多姿的舞者。其装饰性非常强，既具有抽象造型的朴素之美，又具有具象造型的灵动之美。抽象的凤凰纹饰造型非常简洁，艺术特点非常凝练，紧紧抓住凤凰的眼睛和头部，其身体姿态大多以线条进行简单的勾勒，但是却给人以灵动优雅的美感。对各种艺术风格的形态以及图形在不同艺术风格下的主要艺术特点，我们应该深入地探究和学习。

图 4-15　凤纹打散构成教学范例

图 4-16 是对商周时期青铜器上的饕餮纹面部的各部件元素的分解。图 4-17 是对饕餮纹分解元素的变异、重组和再构成。

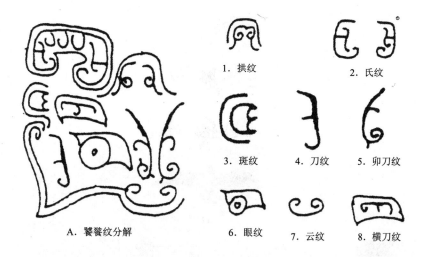

A. 饕餮纹分解

1. 拱纹　　2. 氏纹　　3. 斑纹　　4. 刀纹　　5. 卯刀纹　　6. 眼纹　　7. 云纹　　8. 横刀纹

图 4-16　饕餮面纹打散构成

图 4-17　饕餮纹路

图 4-18 所展示的系列图形以鹰为基本元素运用提炼、打散再构、渐层排列、元素置换等手段进行演绎，其构想新颖，变化丰富。

图 4-18（a）以基本形为轮廓，通过方形、圆形等不同的几何图形组成自然的装饰元素和构图结构使其变化万千、回味无穷。

图 4-18（b）和（c）是对基本形进行打散、切割，最后提取不同元素，进行多种形式的组合与重构，在设计过程中充分应用渐变推移，节奏形式变化等现代设计手段，将图案在平面设计上的艺术表现力提升到最高，将设计给人的感官刺激和美的享受提升到最大。

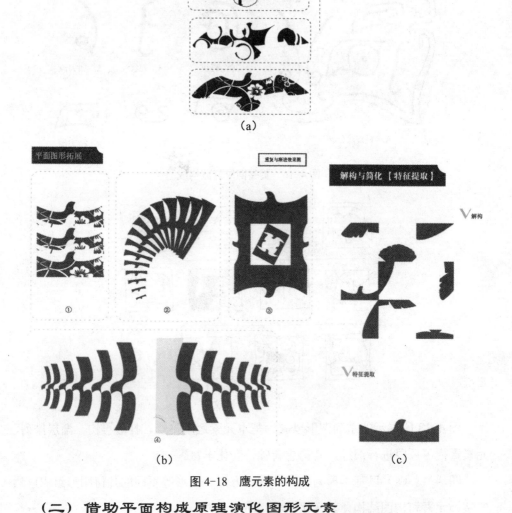

图 4-18 鹰元素的构成

（二）借助平面构成原理演化图形元素

20 世纪 70 年代末，三大构成一直是我国艺术设计相关专业的重要基础课。平面构图大多以抽象的几何图形作为基本的图形，整体构造元素图形主要在二维空间中进行组合与重构，经过最基本的图形的拉伸、延展、平铺等不同方式的变化，达到创作的目的。这种创作手法在目前的艺术设计当中应用得非常广泛，也是西方设计的基础方式。

中国传统的装饰图案和装饰图形，大多数都是以植物、花卉，畜类、禽类作为基础的装饰元素。在具体应用的过程中，需要将动物的具体形象进行一定程度的抽象，并通过夸张、变形等艺术手段，对提取的图案纹饰进行艺术化设计，提升整体图样的艺术感和装饰功能。中国的装饰纹路对几何图形的利用相对较少，大多是以自然流畅的曲线来表现设计者的创作意图，风格或旋转、或灵动、或自由、或舒展。

在新石器时代，彩陶上的纹路和纹饰大多都是采用自然存在的事物，比如太阳、水、植物、花草，通过古人朴素的抽象与创造，将这些事物进行简化，以流动、圆润自然的线条来表现这些自然意象，成就了新石器时代彩陶构图纹路的朴素、睿智、大气的艺术特点。对传统图形进行打散再造需要充分借鉴古代的构图方式和构图技巧，是我们需要学习和研究的重要内容之一（如图 4-19、图 4-20 所示）。

图 4-21 这两幅图的基本元素都是新石器时代的彩陶装饰纹路。原始彩陶以自然意象或抽象几何为主要的构图风格，显得非常简洁、大方，具有很强的艺术塑造性，经过切割和重新打散产生了新的图形秩序和新的艺术效果，更容易被现代审美接受。

从这一组例子来看，东方和西方各种的基本造型手段都可以对图形元素进行切割打散和重组再造，这是图形构造的一种基本手段，无论是传统图形还是现代图形，都可以采用这种方法进行艺术设计。需要注意的是，如何保留原始素材的艺术特点和艺术魅力，在视觉和整体构图上更加协调，并且具有一定的文化内涵和精神内涵。

图 4-19　彩陶文打散再构

图 4-20 彩陶纹打散再构

图 4-21 彩陶纹打散再构

图 4-22 传统图形要素打散再构

四、借形开新

借形开新是借助于某一个独特的外形，或者是某一个具有典型代表意义的样式图形，进行重新的设计改造，这种艺术设计的方法广泛地应用于现代艺术设计中，中西风格的图形设计都可以采用。地域差异是造成事物鲜明特点的一个重要因素，在图形和艺术设计领域特定的地域所形成的独特景象，以及在这种独特的景象下，人们所抽象构造的图形样式一般会具有非常浓烈的地方特色。比如日本的富士山和樱花成为日本的一张名片，埃及的金字塔、人面狮身相以及木乃伊成为埃及的独特文化符号，同样中国的长城，陶瓷、丝绸成为世界独特的文化遗产（如图4-23至图4-27所示）。在具有浓烈地域色彩的文化意象以及图形设计中，最需要突出的就是极具地方特色的外形和轮廓，因为外形和轮廓是艺术特色的最直观的体现，并且很多都是唯一造型，具有非常高的辨识度。我国传统造型样式独特，并且具有丰富的人文价值和艺术内涵，具有非常独特的外形特征，因此在艺术设计中可以充分利用文化传统要素的外形和轮廓进行艺术设计和图形再造。作为一种设计潜力非常巨大的设计要素，传统图形要素是设计的起点和想象的起点，在现代设计技术和设计理念的加持下，会催生出非常多的艺术形象与艺术设计，为传统文化注入新的活力。对图形典型性的迁移和艺术设计，需要依赖设计者对传统文化元素的深入理解以及其敏锐的洞察力和丰富的灵感，否则很难让古老的文化元素重新焕发新的生机。

图4-23　天坛

图4-24　天坛创意设计

图 4-25　中国杯 logo

图 4-26　富士山宣传

图 4-27　富士山标志

中国的长城、天坛、坐狮，日本的富士山、歌舞伎等，是这两个国家最具民族特色的文化标识，这些意象当中凝结着两个民族深厚的历史文化积淀，两国人民对这些意象也有深厚的民族感情，因此在现代标识和现代广告的设计当中，经常会被设计师借鉴。

图 4-28 是香港著名设计师陈幼坚设计的标志，该标志借助传统石狮的形象。设计师通过高度凝练的艺术线条，对原图形进行了抽象与锤炼。让人印象深刻的是对卷型线条的塑造非常精准地抓住了原造物的艺术特点。

图 4-29 是著名设计师佘秉楠教授设计的标志。长城和龙都是中华民族的传统艺术形象，在人们心中具有非常高的文化地位和历史价值，该标志通过巧妙的设计，将两种意向结合在一起，很好地体现了中华民族的文化精神。

图 4-30 是香港著名设计师靳埭强先生作的《苏州印象招贴》。这幅作品令人印象最深刻的是苏州园林的窗棂，作者通过巧妙的构思和艺术抽象，准确而恰当地捕捉到了中国园林艺术中最具代表性的艺术形象和文化符号，言简意赅，文化意蕴深厚，令人拍案叫绝。

图 4-31 是香港著名设计师韩秉华先生所作的"苏州印象招贴"。作品以江南园林窗棂的透雕为元素并与汉字同构，十分巧妙地传达了苏州水乡民居的意境。

图 4-28　狮子设计　　　　　　图 4-29　龙纹设计

 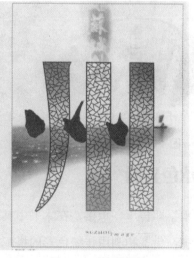

图 4-30　苏州印象　　　　　　图 4-31　苏州印象

图 4-32 至图 4-37 为品牌形象的 logo，分别借用了最能代表中国传统文化的道具，如用鼎、折扇、卷轴、靠椅、茶具等作为图形元素。鼎在中国传统文化中

是权力和力量的象征；折扇、卷轴和茶具是文人及文化的典型道具；靠椅是明清家具中最重要的家具。传统器具具有鲜明的行业特征，是行业文化鲜明的代表性文化产品，在现代艺术中利用传统行业物品的文化内涵提升现代产业的文化底蕴，能更好地促进行业市场的开发。在实际设计构想过程中，所借用的原始素材的外形特征与象征意义与整体设计项目的市场定位和艺术风格。有着非常紧密的联系。因此，在某个行业中很容易出现设计同质化的现象，这一点在设计过程中应该尽量避免。

图 4-32　东湖首席　　　　图 4-33　折扇元素设计　　　　图 4-34　椅子元素设计

图 4-35　宣传标志　　　　图 4-36　茶具元素设计　　　　图 4-37　鼎元素设计

五、承色异彩

　　"承"即传承、承接，在本书中其意同于"借鉴"。"承色"表示在具体的艺术创造中，借鉴和利用传统色彩的搭配方式，进行艺术设计和艺术创作。在中国传统艺术配色系统中，五彩是基本的色彩概念，这一概念区别于现代设计与西方设计体系，因此具有非常浓烈的民族特点。楚汉时期，漆器装饰上所创造的"杂五色"，是指在正统五色的基础上配上其他颜色作为间色，目的是使纹饰和装饰效果更加绚丽，色彩表现更加丰富。无论是杂五色还是正色都对我国后世家居器具以及服饰装饰产生了非常深远的影响。

　　漆器、陶器、蜡染等装饰以红黑、蓝白为基调的配色体系，敦煌壁画中各类以中性色为特点的配色体系（有专家认为这是经过风化后的变化）都是中国传统装饰色彩的经典配色，也是后世取之不尽的艺术瑰宝，具有极好的传承价值，值得大家认真学习。

　　"异彩"打破了我国传统色彩系统，在色彩表达上的局限性是局部的色彩表达得更加鲜明，使构图的整体色彩更加丰富，重点更加突出，赋予了传统色彩新的时代意义和审美特点。无论是在中国还是在西方，在现代设计中对传统的图形配色予以创造性的变化和更加多样化的搭配，应用现代色彩搭配的视觉规律，对传统色彩表达予以提炼和升华，充分表现出传统艺术的审美特点是设计中的常用手法。

　　图 4-38 和图 4-39 展示的系列图形其色彩风格源自韩国传统服饰。彩条纹韩服是韩国及朝鲜民族最具代表性的服装，彩条纹以红、绿、黄、蓝四色为基调，多表现在儿童服饰上。通过历史的变迁，红、绿、黄、蓝四色亦成为韩国及朝鲜民族符号性的色彩，在韩国的各类设计中，都可以看到四色的变异与延展，从中充分表达出韩国人民深厚的民族情感。

图 4-38　韩国传统服饰

图 4-39　韩国旅游宣传画

图 4-40 的色彩极具意象性特征，群鹿如同奔驰在骄阳似火的大地上，充满活力。在色彩搭配上，作者大胆的突破，自然界原本的色彩赋予每一种事物新的色彩，让观看者更加注重画面的整体感。

图 4-40　农民画

图 4-41 的色彩仿造蓝印花布色调，蓝白对比，朴素、自然。主题内容表现荷满鱼跃的丰收景象，画面丰富而清新，极具乡土气息。

图 4-41　传统风格

图 4-42 采用描绘及剪刻、叠层的手段组构，其最后的色彩配置和色彩填充是

在计算机上完成的。在配色上大胆地使用玫瑰红和孔雀蓝，二者相互对比拉大了色差上的对比，从整体上看，色彩艳丽但不俗气，并且充满了神秘感。

图 4-42 传统元素的组合创作

汉朝作为中国古代历史上科学和艺术发展最有成就的时代，除了拥有大量精美的青铜器之外，其丝织品、漆器以及其他的造物工艺也在世界艺术史上占有非常重要的地位。图 4-43 所展示的挂历设计就是从楚汉漆器和金属器纹饰中提取出来的元素和装饰风格。第 1 幅挂历作品吸收的是楚汉时期的基本色调和装饰风格，在版式和构图手法上则采用了现代样式特征，使整幅画面充满了现代审美风韵。

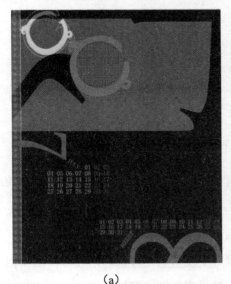

(a) (b)

图 4-43 月历设计

　　图 4-44 的挂历作品将从楚汉漆器上选取来的"鸟爪纹"等元素组构成梅、兰、竹、菊等样式，其装饰形象奇异新颖、独具特色。在色彩上打破了传统漆器制造，多采用浓郁红色和黑色作为色彩搭配的固定创作模式，通过清新淡雅的色调表现出了鲜明的创作意图。建设在装饰图案的设计与构造当中，必须根据装饰图案的风格以及商品使用的目的，进行针对性的设计和创造，才能更好地表现设计对象的艺术要求和情感要求。

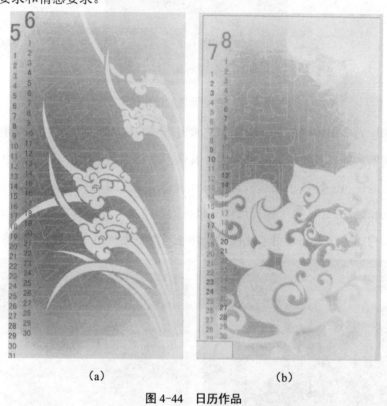

(a)　　　　　　　　　　　　(b)

图 4-44　日历作品

　　图 4-45 为系列 T 恤衫设计，此设计吸取了少数民族织物的色彩和纹饰的风格，其色彩明朗，构成新颖，富有时代感。这套设计参加了 2012 年全国大学生计算机设计大赛，通过这幅图我们可以知道，对民族元素的借鉴、利用及角度，可以是多方位的民间的纺织品印染技术，服饰中丰富的色彩纹路同样可以激发创作者新的想象和创意。作为年轻的设计师，要思想活跃，要带着满腔的热忱和对设计深深的热爱，投入到传播民族文化的行列。

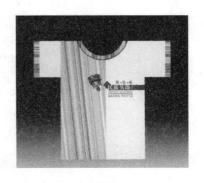

（a）　　　　　　　　　　　　　　　（b）

图 4-45　传统特色 T 恤设计

六、异形同构

在现代设计领域，异形同构的构图书法主要出现在现代广告标志和图形标志的设计中，其做法是将两个原本关联不大的图形组合在一起，通过巧妙地借用和构思，表达设计的主题思想。异形同构的形式，如果从本质上看与中国文学中的歇后语的表达方式有很多相似之处。这种手法就是将两种不同的意象联系在了一起，通过二者的行为或者某些行动上的相似之处，来对其行为进行描述，异形同构的原理与此相似。异形同构的目的是通过不同的事物表达另一种事物，从而达到将抽象的概念具体化，让人们能更加通俗地了解和认识某些事物。

在西方现代图形理论和设计理念中，异形同构是一种非常重要的创作手法，它能生动直接地表达某些抽象的思想和意象，能将作者内心的思想通过某些具体的意向表达出来，是设计师与读者交流的一种最好的方法。

图 4-46　剪纸丹凤朝阳

(a)

(b)

图 4-47　皮影艺术

图 4-48　布塑

在现代标志设计中异形同构的图形实例有很多。图 4-49 是陈绍华先生设计的申办奥运标志以中国结与五环、武术同构，意象生动，形与形之间天衣无缝。图 4-50 是陈幼坚先生设计的茶馆标志以汉字与茶具巧妙同构。图 4-51 是陈幼坚先生为亚洲网络设计的标志，以龙形与英文字母 a 同构组成。中国象征符号以龙为首，英文以 a 为首，两个元素的同构十分准确地表现了标志的内涵。

图 4-49　北京奥运会标志

图 4-50　茶馆标志

图 4-51　亚洲网络标志

第五章　基于"民艺元素"的创新设计

在经历了漫长的历史凝练及选择后，我国逐步形成了各具文化内涵及形式特征的民间艺术。通过对民间艺术的造型特征、审美特征和符号特征的梳理和分析发现，民间艺术中所包含的民族传统和视觉文化既有一脉相承的延续性，又不乏丰富多样、与时俱进的创新和发展。它通过不断的继承、扬弃和推陈出新积淀了极其丰富的内容，成了表达"中国意味"的形式。民间艺术中的观念、情感、形式、载体为当代设计师提供了充足的文化养分和创意灵感。

刘勰在《文心雕龙》中指出"时运交移、质文代变"。诚然，民间艺术在不同的历史时期呈现出不同的艺术风格和审美特性。设计亦是如此，设计是"被裹上了一层文化模式的外衣"。设计文化的生存和发展有其特定的环境和土壤，当一种文化与另一种文化碰撞时会产生交融和变化（如图5-1所示）。从另一层意义上讲，文化的碰撞与融合必然会产生一种新的文化形式。我们应该以理性的眼光和现实的态度在传统和现代之间、东方和西方的设计文化之间，寻找使中国现代设计得以发展和崛起的要素和契机。

要重视产生民间艺术文化的时代语境和社会人文语境，强调艺术与社会、艺术与人文、艺术与时代之间的有机联系，反对那种将艺术作品与社会、与时代孤立出来的思维方式。鲁迅在《论"旧形式的采用"》一文中说："旧形式是采取，必有所删除，既有删除，必有所增益，这结果是新形式的出现，也就是变革。"因此，从一个整体的、系统的、联系的观点来看待民间艺术，并且注重民间艺术所产生的具体历史情境以及与特定历史情境中的诸种因素的互文性。另外要注重当代文化语境，将民间艺术语境的历史性与共时性结合起来（如图5-2所示）。这就意味着，任何对民间艺术的理解和阐释在努力贴近和走入特定的历史语境的同时，也不能忽略和遗忘阐释者自身所处的现代语境。

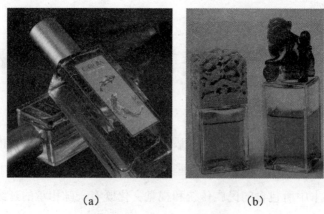

（a）　　　　　　　　（b）

图 5-1　中国风与香水的结合

图 5-2　民间艺术与时代产品

因此，民间艺术的考察与设计中的"设计"就是通过对民间艺术的表达形式、传统手工艺技艺以及造物理念等层面进行深入的分析和思辨，同时结合现代生活方式、现代设计思维以及市场观念重新选择、考量和定位，最终通过设计实践创造出符合现代审美观念和现代消费需求的产品（如图 5-3 所示）。

民间艺术一直与人们的日常生活息息相关，与民俗活动紧密相连，艺术作品在民俗活动过程中呈现一种婉转流畅的动态美，让人产生巨大的审美愉悦感，它不是一种结果和现象，而是在过程中给人的一种审美体验，是动态过程化与静态图式化的完美结合。这种体验和满足往往因时间、地点、参与者等文化语境构成要素的不同而发生变化。这种状态在当代社会发生了不可抗拒的变化。传统社会民间艺术的存在打破了艺术与非艺术之间的界限。民间艺术具有实用性、功利性，很多民间艺术品就是日常生活用具，这无疑与纯艺术的标准差距很大。民间艺术所拥有的"动态过程性"与"静态图式化"特征为现代设计将艺术审美融进生活和生产提供了有益启示。

图 5-3 刺绣艺术与现代产品

第一节 异质同构与异形同构

同构是一一映射的关系，是在物态相似因素之间形成一种转换。这种转换可以是视觉上的、心理上的，也可以是经验认识上的相似，从而达到一种超越文字的视觉呈现（如图 5-4 所示）。从抽象的"意"到具象的"形"，再从对"形"的翻译转换到对"意"的释义，通过对概念的联想，找出具有同构关联的形象，再根据视觉要素的传达特性做出相应的形式演绎，最终获得"形意并存"的同构形态。

图 5-4 传统艺术形象的现代化视觉呈现

一、格式塔心理学及异质同构

西方现代美学有一个重要的倾向，就是重新构建艺术本体，用形式解释艺术，但是各个学派的方式方法不同，比如苏珊·朗格是用自然科学的方法，鲁道夫·阿恩海姆则是运用心理学。

在此所说的异质同构为心理学范畴，异质同构是其中的理论核心。格式塔心理学认为，心理现象是人们在意识经验中所显现的整体性或结构性，知觉并不是各种感觉相加之和。格式塔心理学认为人们在观察事物的时候是眼脑共同的作用，认知为整体认知，不会从局部开始拼凑整体。可以说，整体大于部分的集结，形式和关系可以形成一种新的整合力场。民间艺术中的诸多作品具有整体意蕴，通过不同时空的图形、色彩等打破时空来完成，形成了大大超出这些形式表象意义的整合力量（如图5-5所示）。

(a)

(b)

图5-5 视觉空间的图形表现

二、民间艺术中的异质同构

在民间艺术中，我们可以看到诸多的异质同构作品，例如，在民间艺术中有许多作品注重形与形之间的组成方式，打破时空界限，用一种元素的形去嫁接另一种元素，使形与形之间产生冲突与连接，呈现出四季同在、日月同辉等新颖的视觉形态。民间艺术的诸多作品注重削弱形的合理存在环境，更关注人的内心感受和合理寓意，强调意的存在。它由形式组合引发出人的主观期盼和感受，这种创意方法对现代设计有很好的借鉴作用。

设计师可以通过异质同构的方法把握作品的整体性、直觉性和诗性，用它开阔的设计思路，使作品能借助丰富的视觉联想和情感体验激发共鸣，提高识别性和传播力，同时体现设计的个性、多样性和趣味性。

在对民间艺术的传承和创新上，我们要善于利用民间艺术约定俗成的形式和意义的关联，结合现代审美特征和精神需求，去引导人们与设计作品进行交流从而引发人们思考和联想，最终在精神上达到契合。

作品的异质同构状态往往比单纯的形更能吸引人的注意力，使人感到耳目一新。应用这一原理可以大胆突破单一的图形样式，在既定形的基础上进行合理、大胆的拆分，甚至可以用一种形去打破另一种形进行嫁接，使各个形式元素产生相近、相反等创新关系，同时也对其意进行异质同构。

阿恩海姆在《艺术与视知觉》中提出，赋予作品主要特征的是初级分离。区域较大的部分不会被分割成区域较小的部分，而艺术家的任务就是对这些分离进行程度和种类上的区分，然后再与要表达的意义相联系。设计师将焦点放到重要的位置，而作品所要表达的意境也就以这些在重要位置的"形"来传达。异质同构中的新形态并不是原形态的简单相加，而是多种元素的巧妙耦合，它不单单是停留在视觉形式层面的变化上，更是要上升到精神层面的象征。许多民间艺术作品正是以异质同构的手法表现其丰富多样的文化象征和活泼浪漫的审美情趣。

将异质同构理论应用到视觉设计中，提示我们在设计前不单单要考虑形的拆分与嫁接，还要关注形的排列顺序与位置，将民间艺术中蕴含的符号象征性的寓意放在关系链的最重要一环，以现代的审美观念传达出来，引发受众的共鸣。在设计中我们可就个别意象由异质同构推广至同质同构，还可再就整体意象拓展到异形同构与同形同构加以呈现（如图5-6所示）。

图 5-6　传统元素的同形同构

三、异形同构

异形同构是要寻找与所传达的信息能产生同构的图形，每个不相同的元素都有着独立含义的视觉形式，通过对形的巧妙变化来打破原有的形态，按一定的规律加以构成、排列与融合，重组成多种新的表现形式，用于表达多种意识形态和内容。"意"与"形"转换的关键是以"形""表""意"之间的契合点，即"意"与"形"的同构关系。

"意"和"形"并存是异形同构的基本特质。不同的历史背景、社会阶段，设计形态都在演变。异形同构可以运用民间艺术中的图形、色彩、文字等设计元素，使元素与元素之间相互依赖又相互竞争，形在不断变化的同时衍生了形的意义，从而丰富了整体意义的所在，展现出视觉冲击力和视觉文化表征力。掌握异形同构的表现方式，深入理解蕴含在形式层面之下的内涵和寓意，可以有效传承和创新，挖掘民间艺术的视觉资源。

异形同构理论使艺术设计摆脱了从此物到彼物的直接转变，更注重思考形式的转换及形式所蕴含的深层含义，在对民间艺术的现代化设计转化中，设计者对该理论进行不断的实践和应用，使设计的形式更具有民族性、文化性、独特性和艺术性（如图 5-7 所示）。

图 5-7　传统文化艺术的创意呈现

第二节　符号的解构与再构建

解构与再构建是一种语用方法，在现代设计中，尤其是在建筑设计中常用来作为设计创作的方法。例如，丹麦设计师伍重设计的悉尼歌剧院就是解构了贝壳、风帆、海鸟等众多事物的基本形而整合形成的作品，作品结构优美、寓意丰富，为解构主义手法的经典之作。解构是对过去存在之物的一种有效思考方式，不是否定过去，而是在过去中寻求演化与再生。解构同时与再构建联系在一起，解构的过程中也蕴含着再构建的动机（如图 5-8 所示）。

解构首先展开了事物的系统，但它并不击垮系统，实际上解构使系统的各要素得以展开，具有排列和组合的新的可能性。在一件设计作品的创作过程中，如果你有意识地解构一些符号元素，就意味着在同时建构另外的新系统。在平面设计中，这种经典的案例有很多，比如冈特·兰堡的很多作品并不直接使用任何直接关联主题的符号形象，而是解构了我们日常生活中普通事物的形象并进行重构，形成了丰富的符号意象。

图 5-8　符号的解构与构建

解构是对语言的再构建和展现，不消解每个语言的局部意义，而是要通过重新编码的方式将作品的每个具体部分生动地再现出来，每个部分都是有意义的，整个作品是一个整合的意义场。解构反映了设计师的设计创作态度和立场。首先解构是对过去的一种批判性阅读，它发生在对过去、传统的解读过程中，设计作品的最终效果源于设计师在这个过程中的态度和取舍；同时解构也是对设计师自身的一种反省，它检验和考察设计师对自身的了解、把握传统与过去的能力。

解构并不是对民间艺术形式的摧毁或破坏，而是用分解和离散的力量打破固有的构成疆界，在变革中进行重构，通过对民间艺术形式层面及意义层面的再创造，创造新的定义（如图 5-9 所示）。在我国从未间断的文化艺术进程中，留存着极为丰富的民间艺术遗产，我们必须深入体会和感受，通过各种现代设计原则来形成我们自主的设计立场和设计文化立场。

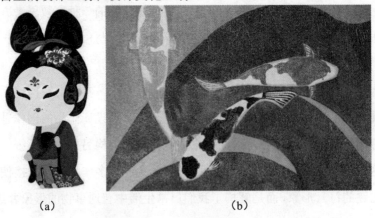

(a)　　　　　　　　　　　(b)

图 5-9　传统艺术形象的再创作

对民间艺术的解构和再构,可以一方面通过新的造型发展传统寓意;另一方面在传统寓意中变革、发展原有图形。民间艺术的形式反映了民间喜闻乐见的视觉系统,图像的象征性语义则代表了民间的精神世界。中国的民间艺术大多被人们赋予了丰富的寓意,发掘并展露民间艺术中的这种意义是现代设计创作获得大众认可的有效方法。

民间艺术视觉元素在用于设计时,应充分挖掘与之相关联的吉祥寓意要素进行创意构思,把一些繁杂细腻的元素,根据图形寓意并通过材料的变更、手法的转换、观念的更迭等手段,让其成为设计的创意点和启示点(如图5-10所示),使民间艺术的视觉元素浑然天成地融入当代设计。比如民间艺术中的喜相逢、太极图等图式都是现代平面设计形式表现的母本,蕴含着大量现代设计创作可借鉴的造型方法和形式法则。设计师通过对民间艺术元素的变革重构,使外在特征和内在精神找到一个合理的连接纽带,将民间艺术中所蕴含的寓意以符合现代审美的方式恰到好处地传递出来。

在现代设计中注入具有传统精神审美和精神蕴涵的民间艺术元素,是建立具有中国风格设计的有效方法,它与时代以及传统审美相融相生,创造出既符合时代特点又具有文化底蕴的设计形式。在设计领域,西方设计文化潜移默化地渗入会使民间艺术的观念及形式在结构等方面以重组的新形式出现,西方设计文化与民间艺术元素结合的设计不单单采用借鉴、混合、嫁接等方式,而是采用建立在现代主义设计构建基础之上的思维形式,对传统文化理念进行创新演绎。民间艺术解构与重构所得到的形式可使地域文化通过创造性的要素组合获得新生。

图5-10 民间艺术视觉元素的创意呈现

145

第三节　技艺的传承与再生

英国人类学家马林诺夫斯基认为,"器物和习惯形成了文化的两大方面——物质的和精神的。器物和习惯是缺一不可的,它们是相辅相成及相互决定的"。从文化遗产的角度来说,精神文化的内容决定了物质文化的生产和构成,民间手工艺是民族传统文化的重要载体,也是文化得以传承的重要工具,手工艺的特点形成了物质文化形态的民族特征。

一、民间手工艺的传承和再生的两种形式

在民间艺术中,从器物到服装,从生活用品到住宅,几乎所有的内容都是手工艺造就的,有着自己独特而完整的文化系统。中国传统民间手工艺的传承主要有两种形式:一是家族内传承,二是行业内传承。手工艺具有重经验、重体悟、重情感、重灵性的特征,较适合于个体性传承方式,应充分尊重手工艺传承的具体特性。

在当今设计手段多元化,专业边界不断扩展和模糊的形势下,对民间艺术技艺的挖掘和再利用,是对民间艺术手工艺产业链的根本转变,它把民间艺术传统手工艺属性中的民间概念与当代时尚概念相融合,既是对传统的民间艺术发展危机的一种解决尝试,同时也给当代设计与民族精神文化的结合带来了契机。

民间艺术在技艺的传承和再生方面主要从以下两个方面来进行:一方面,运用传统的工艺技法保持传统的造物理念,使我们的民族手工艺得以完美地传承延续。另一方面,在传承的基础上进行创新与再生设计(如图 5-11 所示),通过创新与再设计在造物理念、时代审美、功能和技术材料、工艺创新上与时代同步发展。

图 5-11　传承与创新

对传统民间艺术所包含的传统工艺、形式等层面的当代再生，要紧紧把握消费者对传统民间艺术的情感依托，同时关照当代审美和消费心理的把握和追求。传承与再生是对传统民间艺术在当下社会语境的重新解读，其艺术性、情感性和日用性是需要思考的重要因素。它既反映了消费者对传统和民族文化的心理需求，具有强烈的文化、情感、情趣的追求，同时也要顺应当代的生活方式即设计审美的需求，在传统工艺美学中融入当代设计的变化，具体反映在造型、材料、功能以及造物理念再设计等方面上。

对民间艺术传承与再生所形成的设计作品融合了传统手工艺人与当代设计师的设计思想理念以及制作工艺的创新，体现出弥足珍贵的人文情怀和个性化的工艺风格，它充分体现了地域特征、手工艺人的内在品格以及传统的文化气息，是生活、艺术、个性、时尚的集合体，是传统文化和现代设计基于文化认同的延续和发展。

二、手工艺人+现代设计思想结合，建立手脑有效的连接

将具有很高的技艺但停留在传统的审美观、构思方式的手工艺人与现代设计的思想融会贯通，建立手脑之间有效的连接，传承传统工艺的精神和文化属性，将形式等层面放在现代生活中重置，通过对手工艺的新的演绎，运用传统的工艺描述当代设计和生活之间的关系，将流传几千年的精湛手工艺中所体现的情感因

素传承下来，融入现代和未来的生活中，实现文化的回归，重塑经典、精致的东方生活方式（如图 5-12 至 5-15 所示）。精湛的手工艺技术在历史的长河中薪火相传，是机器生产无法替代的，这种手工艺打造的工艺品不仅以产品的工艺作为卖点，更是现代设计文化的个性化消费传播。

图 5-12　竹制茶叶罐

图 5-13　陶瓷仿实木床头灯

图 5-14　脸谱笔筒

图 5-15　精致的茶具

设计创新如何融入传统非物质文化的保护和传承中，早已成为举世关注的大课题。比如日本的"一村一品"计划，CUMULUS（国际艺术、设计与媒体院校联盟）倡导的设计中对非物质文化的重视和可持续的设计理念；2008 年的《2008

京都设计宣言》也把对地域文化、民族传统文化的重视提高到全球共识的层面。

美国著名人类学家弗朗兹·博厄斯在《原始艺术》一书中说道："无论哪一种工艺，其技术和艺术的发展均存在着密切的联系，技术达到一定程度后，装饰艺术就随之而发展。艺术品的生产与技术的发展是分不开的，人们精通了某种技术以后即可以成为艺术家。"

第四节　色彩的抽象与提炼

若说造型是设计作品的筋骨，那么色彩就是设计作品的血肉，它也是整体造型中极其重要的部分。每一个国家、每一个民族都有自己独特的色彩审美观念与装饰风格，从而形成了丰富多样的色彩设计规律。民间艺术色彩是一个庞大的色彩体系，表达了特定的观念，反映了民族艺术的传统习俗及审美观念的延续和发展，它的色彩情调与传统文化观念相重合，深受民众生活的制约，同时又与百姓的生活态度、价值标准、审美情趣相一致，有着天生的民族亲和力。

民间艺术多是以历史性和集体性的创造而出现的，用色讲究视觉意味和视觉美感，重视色彩的心理效果，重视色彩的象征寓意性，它是一种文化的视觉载体，具有旺盛的生命力（如图 5-16 所示）。因此，民间艺术往往都带有鲜明的地方特色，要真正了解其内涵，参透其深意，就必须通过外表的形与色，洞察它所表达的人民群众的心态和习俗，综合考虑它和其他艺术之间的关系。

图 5-16　皮影艺术的色彩搭配

一、五行观的色彩体系

民间艺术是以"五行观"为基础的色彩体系，以"红、蓝、白、黑、黄"五色为正色。该色彩体系，多用原色和强烈的色彩进行对比，注重固有色和对比色的运用，这个色彩体系具有浓郁的装饰性和强烈的生命张力，是与中华民族的欣赏习惯相适应的。

五色的形成直接体现了中国人宇宙观中的五行运化观，五行（包括五色）成了中国古代哲学思想体系中的一部分，李泽厚先生在《中国古代思想史论》一书中指出"五行起源得很早，卜辞中有五方（东、南、西、北、中）观念和五臣字句；传说殷商之际的《洪范九畴》中有五材（水、火、金、木、土）的规定，到春秋时，五味（酸、苦、甘、辛、咸）、五色（青、赤、黄、白、黑）、五声（角、徵、官、商、羽）以及五则（天、地、民、时、神）、五星、五神等已经普遍流行。人们已经开始以五为数，把各种天文、地理、历算、气候、形体、生死、等级、官制、服饰等，种种天上人间所接触到、观察到、经验到的，并扩而充之到不能接触、不能观察、不能经验到的对象，以及社会、政治、生活、个体生命的理想与现实，统统纳入一个齐整的图式中"。可见，五行之中的五色结构也一样具有自我运用和自我调节的内在功能，这种内在本质与外在宇宙相互照应的关系应用是中国色彩象征得以长久存在的原因之一，是中国色彩观念及审美模式建立的理论基础（如图5-17、图5-18所示）。

图 5-17　敦煌原色的现代色彩审美

图 5-18 脸谱艺术及其色彩设计

二、程式化的色彩结构

当下，尽管人们的观念在改变，但人们骨子里的用色习惯、审美倾向和色彩情感一直都受五色和五行观的影响。这在与人们日常生活紧密联系、直接体现民族特色的民间艺术中有着更明显的反映。如戏曲脸谱中将色彩作为性格品质与身份的象征。形成了"红色忠勇，白色奸，黑为刚直，灰勇敢；黄色猛烈，草莽蓝；绿是侠野，粉老年；金银二色色泽亮，专画妖魔鬼神判"的用色传统。又如在年画中，艺人们成年累月地从创作实践中总结出了许多色彩口诀："软靠硬，色不愣""黑靠紫，臭狗屎""红靠黄，亮晃晃""粉青绿，人品细""要想俏，带点孝""要想精，加点青""文相软，武相硬""女红、妇黄、寡青、老褐""红忌紫、紫怕黑、黄喜绿、绿爱红"等。当人们对色彩的理解和应用，更多地用客观经验代替了主观感觉，将视觉经验凝练成口诀时，显示出民间色彩结构的程式化倾向，显示出民间色彩格局的稳定性。

在现代设计的各种要素中，色彩是最具视觉冲击力和感染力的要素之一，是造型艺术的重要组成部分，同时，色彩是设计中表情达意的有力手段，它的创造性决定了它的生命力。民间艺术中的积极因素与现代的色彩文化特征相结合，成为创造新生活的设计依据，通过最本质、最亲和的色彩语言来传递视觉设计的语境。

三、民间艺术色彩的装饰性与诱目性

民间色彩鲜明强烈、热情奔放、明快大方、大胆夸张，采用色相的对比取得了饱满的色彩和视觉心理效果，极力显示对比色特有的张力和夸张性，具有很强的装饰性和诱目性。对民间艺术中的色彩体系进行探索和总结，传承其装饰的设色方法，应用到现代设计中，使其浓淡相宜、雅俗共赏，是设计创意不竭的源泉（如图 5-19 所示）。要使民间艺术展现新时代的面貌，除了在外形上突出时代感，在色彩上也要有所放弃和突破，用现代的审美观面对民间艺术，吸收其思想和观念，结合信息时代的高科技手段，创造新的表现形式，融会贯通，赋予其更加理想且符合时代精神的色彩表达，构筑既有传统人文情怀又有现代审美特征的色彩体系。

图 5-19　传统纹饰鼠标

第六章 民族文化元素在现代文创设计中的应用

第一节 挖掘地方资源，提升现代产品的文化品质

民间传统艺术和各种造物，不仅是中国人民生活的重要的审美参照，也是中华民族精神生活的重要组成部分，与每个中华儿女息息相关。生活越来越现代化、便捷化，传统的生活方式逐渐被人们放弃，但是无论人类社会如何发展，维系人类社会群体内在联系的文化纽带都不会因时代的变化而出现断裂。各具特色的区域文化及物产，是非常具有代表性的文化符号，无论是对区域居民情感的维系，还是对区域经济的发展都具有不可替代的作用。

文化凝聚了一个民族、一个地区数百年甚至数千年的发展智慧，在社会经济不断发展的社会背景下，人们的精神满足和内心世界的充盈成了一种更高层次的追求。因此，在现代社会的发展中，文化及文化产品不仅肩负着发展经济的使命，同时也有满足人们精神需求、提高人们生活质量的责任。文化创意产品作为商品与文化结合的产物，非常契合当前社会的发展趋势与消费需求。在经济全球化日益发展的今天，民族特色是一个国家的产品在国际市场上占有一席之地的重要保障。

第二节 民族文化元素在现代设计中的应用形式

对于设计我们并不陌生，在日常生活中随处可见设计的影子，民族传统要素作为现代设计的重要元素，已经在平面设计、包装设计、广告媒体设计、染织服装设计、装饰用品设计、建筑装潢设计、工业产品设计等领域有了一定程度的应

用。然而，由于文化审美具有非常强的主观性，因此很难用某种定量的标准来对文化创意产品进行"好"与"不好"的界定。实际上，在文化设计领域人们往往根据以往的经验和产品的市场反馈来对文化产品的设计进行一定的了解，认可那些"借其形、承其意、传其神"的设计作品。

（1）"借其形"——顾名思义就是以借鉴传统文化要素为主要的设计思路，产品要突出浓郁的民族特点，让人第一眼就能感受到传统特色。在借鉴民族传统要素进行设计的过程中，要对原始的设计素材进行一定程度的开发与艺术创新，给人以古老又不缺乏现代性的观感。

（2）"承其意"——传统的装饰图案可以应用于建筑、服饰、家具、摆件、包装等各个领域，但万变不离其宗的是其传统文化精神内核。在传统文化中有很多寓意吉祥、如意、平安、纳才的意象，这些意象本身的文化寓意可促进文化创意产品的设计方式。

"承其意"有两个层次的意义，第一是对传统文化及其精神内涵的继承，第二是对传统文化进行现代文明层次上的拓展，只有将二者结合起来才是符合时代发展的设计。

（3）"传其神"——"神"与"韵"自古就是审美的高级层次，生动地体现了古人高雅的精神追求。神韵一般用来指代外形和神态上的特质，这种特质在艺术作品中也有着非常明显的体现，比如浓郁的年代感（如图 6-1 所示）、显著的艺术特色（如图 6-2 所示）等。"传其神"要求设计者能准确把握传统文化要素的本质特征，并通过某种新型的艺术手法表现出来，达到传神达意的效果。

图 6-1　清代服饰

图 6-2　皮影艺术造型

"纹"——指图形元素。在设计实践中，"纹"不仅仅是指图形元素，也包括对传统艺术作品的色调提取以及构图特点的借鉴等。"纹"是一种具有鲜明特色的文化符号，是古人的精神传承和情感寄托。

"质"——指材料和材质。古代的艺术作品，其材质的选择与区域出产息息相关，具有非常鲜明的地域特色，可以说古代艺术品的材质是一个区域特有的文化名片，比如安徽的歙砚（如图 6-3 所示）。

图 6-3　安徽歙砚

"意"——主要指文化内涵和历史文脉。在古代的艺术创作和设计中，每一个造型、每一个符号、每一个纹路都有其特定的含义，默默地诉说着设计者的匠心。

"品"——指品性与品位。品位与个人追求和文化修养有着非常密切的关系，从设计和造物的监督来说，艺术品的意蕴和品味代表着艺术品的文化档次和文化追求。

第三节　民族文化元素应用的基本原则

一、恰当原则

"恰当性"指的是在设计中选择使用的传统文化要素（包括符号、图形、意象等）要符合时代发展的主旋律，适用于现代设计的应用范畴，比如建筑装饰风格的传承与创新，设计材料选择的环保性等。

中国古代的传统图形和符号具有很强的象征意义，在使用上有着明显的辈分、性别、职业等差异。此外，一些特定的图形适用于特定的场合，比如婚礼、葬礼、祭祀等不同的场景。

二、创新原则

"创新性"是设计造物的基本要求，在传统文化元素的设计与应用中，创新显得更加重要。新民艺设计着重解决的就是传统文化艺术要素的创新与重新应用。坚持以实践为根本，立足于原创，是进行现代艺术设计，创造具有时代特色文化产品的有效方法。科技是现代社会最重要的发展元素之一，将现代科技融入艺术创造和新民艺设计也是促进现代设计发展的最重要的因素。

三、系统原则

系统思维是现代设计非常推崇的一种方法。思维系统本质上也是一种思维发散，从马克思主义哲学的角度来说，系统思维强调整体与部分的关系，强调整体与部分的协调。比如在产品整体的文创设计中，包含了包装设计、外形设计、材质选择、宣传广告设计等一系列子设计部分，产品设计的完善需要每个子部分都进行系统的设计。对现代文化产品设计的民族化趋势以及传统文化产品的现代化开发而言，其形式与内容非常多样。装饰的风格和装饰的手段也要从整体风格和产品需求上进行综合考虑，不能将文艺产品的开发设计与市场以及产品的整体风格割裂开来。

四、品牌原则

品牌是一个产品最核心的价值元素，品牌的文化价值以及品牌精神的内在追求，是一个产品能长久存在并获得社会认可的主要内在因素。因此在非物质文化产品的开发与设计中，要非常注意对其文化价值的开发与整合，确立明确的品牌意识和品牌产权。

第四节　民族文化元素在现代文化创意产品
设计中的应用形式

一、品牌形象系统

图 6-4 展示的是以西藏的丽莎国际宾馆为主题的标志设计，品牌 logo 以及辅

助性的宣传符号和宣传标都是从云南香格里拉的松赞林寺的艺术设计中汲取的相关元素，通过对相关元素的再开发和创新，形成了极具地方特色的文化品牌标志。

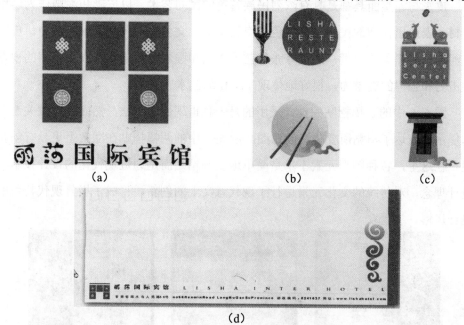

图 6-4　丽莎国际宾馆标识的设计展示

图 6-5 展示的是以"中华饮食节"为主题的宣传海报，该作品的设计者以龙作为基本的创作元素，并以祥云等传统文化要素构成一幅特色鲜明的图案。作者对龙的形象进行了一定的创新，将威严的龙进行了卡通化的创新，符合时代的审美需求，得到了受众的一致认可。

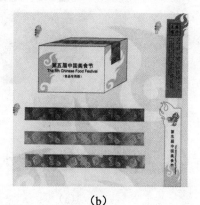

　　（a）　　　　　　　　　　　　　　（b）

图 6-5　中国国际美食节系列设计

二、招贴广告系列

皮影与泥塑面具都是具有浓烈民族特色的民间艺术。以皮影和泥塑作为创作素材，表现出强烈的民间文化特色，彰显了民族文化在现代社会中的活力。皮影和泥塑都有黑黄的色调，通过夸张的艺术对比和强烈的色彩差形成了强烈的视觉冲击力和强悍的震撼力，很好地体现了文化的艺术感染力。

图 6-6 中的三幅招贴的设计采用的是一种再现性的手法，然而，通过关键字的提示，表达了招贴所要传达的意图。图 6-7 中的两幅招贴在立意上更具有创新性。在这里，各种图形元素不单是简单地复制粘贴而是通过现代化的设计技术和设计理念，对传统的文化元素进行了现代意义上的创新，形成了极具现代特色的设计风格。

        （a）   （b）   （c）

图 6-6 凤舞天翔招贴设计

     （a）   （b）

图 6-7 凤舞天翔招贴

图 6-8 是地方摇滚音乐节的招贴，该作品的作者使用了甘肃麦积山石窟的雕塑作为创作的素材，通过巧妙的设计，将传统元素和现代文化进行了结合，极具张力的面部表情和肢体动作体现了摇滚音乐的激情和力量，也使这张张贴极具辨识度和艺术情趣。

图 6-8　地方摇滚文化招贴

图 6-9 是陈瑜创作的文化类招贴，表达的是楚汉文化的精神和鲜明的艺术特色。这一系列的作品，利用人体的五官，对云彩活水等自然元素进行了设计和创新，传达出了深远的艺术境界，使人过目不忘。

图 6-9　楚汉文化招贴

三、包装装潢设计

图 6-10 是为"德源堂"餐饮店设计的一套视觉形象系统中的部分作品。该标志和相关的图形设计取材于河南朱仙镇的年画，民间年画中繁杂的线条和丰富的色彩极具视觉感染力和艺术冲击力，为德元堂店铺增添了浓郁的民间文化特色。这一设计对地方性的店铺宣传海报设计提供了借鉴，同时这一设计也鲜明地体现了传统与现代的结合，具有非常广阔的市场空间。

图 6-11 是由广州黑马广告公司设计的"可采"面膜，其设计元素取材于中国传统的青花瓷艺术，具有浓郁的中国特色，同时以东方神草为主要的创作素材，也让人能联想到该产品的产品材质。

"福喜"是润滑油的品牌，图 6-12 中的标志设计以太极图形为基本元素，将太极文化及太极图形的精髓与产品、与企业的"福喜"文化内涵重合同构在一起，设计构思定位恰当、精准。

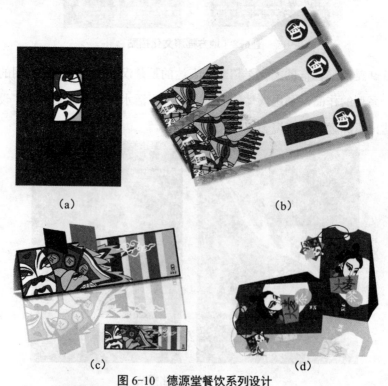

(a)　　　　　　　　　　　　　　(b)

(c)　　　　　　　　　　　　　　(d)

图 6-10　德源堂餐饮系列设计

图 6-11 "可采"面膜包装设计

图 6-12　福喜润滑油包装设计

图 6-13 至图 6-15 所展示的是"凤午楚天"这一系列的酒的包装,"凤午楚天"是湖北省名品"白云边"酒的新品牌。"凤午楚天"酒的包装的器型和装饰元素,借用了荆州楚汉墓室的镇墓器"虎座凤架鼓"和漆器装饰的基本形式。设计者对原型进行了大胆的突破和再创造,新的瓶型个性独特,瓶体线型简洁、圆润,瓶体及瓶贴红黑色相映,既保持了汉代漆饰器具的风格,又具有鲜明的现代器型的审美品质(如图 6-15 所示)。"凤午楚天"酒的系列包装借助了举世闻名的楚汉文化和传统漆器文化,提升了商品的文化品质,是赋予普通商品以文化精神的一个很好的范例。

图 6-13　"虎座凤架鼓"

图 6-14　凤午楚天包装

161

（a）

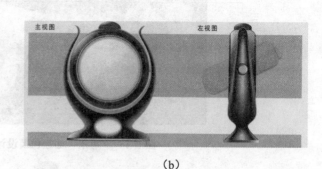
（b）

图 6-15　凤舞楚天设计说明

如图 6-14 所示该酒瓶参考了湖北出土的战国时期称之为"虎钮錞于"的器型，设计者从产品的功能出发，根据产品的容量对器型进行了比较大的调整和修改，不仅对传统文化元素进行了致敬，还对其现代实用功能进行了开发与拓展。

如图 6-16 所示，"家谱"酒以家谱文化作为酒的内涵铺垫，器皿外形上的姓氏可以根据购买者的需求进行制作。包装盒内除了酒品之外，还附有家族储蓄和历代名士等信息，这个创意不仅使商品的文化特性得到了彰显，也是商家进行促销的一种有效的手段。

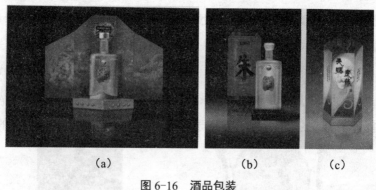
（a）　　　　　　　　　（b）　　　　　（c）

图 6-16　酒品包装

酒作为一种传统的宴请场合饮品，可以适用于很多场合，在婚宴中酒是必不可少的饮品，"天赐良缘"系列酒主要定位于婚宴。包装设计以红色为主，突出喜庆的氛围，除了利用色彩塑造氛围，还在盒子的顶部设计了一个可以翻折的蝴蝶，具有非常浓郁的传统特色。

酒同时还是一种具有地方文化色彩的产品，古代酒坊和烧锅遍布中国大地，每个地方都有自己独特的酒品，比如绍兴的黄酒、贵州的茅台等。就国外来说，法国的香槟、俄罗斯的伏特加，也是极具地方色彩的酒品。因此在白酒产品的销售中，品牌文化创意和地方文化特色一定要进行紧密的结合。

竹子盛产于我国南方，竹文化也是我国传统文化中的重要组成部分，竹子得到了历代文人墨客的歌颂和赞扬，成为高洁品质的一种象征。图6-17是利用竹材开发的系列酒品设计，其构思新巧，极富特色。

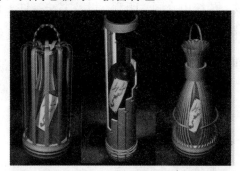

图6-17　竹制酒包装

黑米酒是江苏江阴的地方特产，经过当地的特色酿造，用于妇女产后的恢复和活血化瘀。如图6-18所示，该包装装潢采用红黑两色作为主色调，一方面以凸显黑米酒醇厚甘甜的口感，另一方面加强喜庆和温暖的气氛。

图6-18　黑米酒包装设计

"官司云雾茶"是福建中宁县的地方特产，曾经是朝廷的贡茶，普通百姓是喝不上的。写实风格的青绿山水，主要强调云雾茶的自然本色，以及非常环保的生长环境，给人一种清新自然的感觉（如图6-19所示）。

图 6-19　茶叶包装

图 6-20 包括云纹、传统山水画、印章，以及书法等许多传统的文化要素，设计者通过对这些元素的组合创新，重新构造了一幅美轮美奂的人间仙境，从而有效突出了官司云雾茶的特点及其高档的品质。

图 6-20　"官司云雾"茶叶包装

图 6-21 是以"水云天"作为品牌设计的系列白酒包装。水云天三个字给人一种出尘脱俗的感觉，能很好地体现白酒的品质，包装上以卷轴式和抽盖式作为包装盒的结构特点，给人一种浓郁的书卷气，整个包装盒的装饰，符合中国人的审美特点，极具人文情怀和浪漫气息。

图 6-21　"水云天"白酒系列包装

图 6-22 是"天赐良缘"酒的品牌和包装，其装饰的设计风格取自我们经常见到的婚庆习俗和吉祥文化。器型端庄大气，秀丽典雅，犹如一颗明珠镶嵌在酒瓶的颈部，酒瓶紧握，有类似于红披肩的纹路装饰，给人非常端庄的感觉，半透明的展示性包装很好地体现了酒的特点，给人以朦胧美的视觉感受。

（a）　　　　　　　　　　　　　　（b）

图 6-22　"天赐良缘"酒包装

图 6-23 中的"善好"酒是浙江地区的黄酒的一个品牌，包装和装潢设计充分考虑了企业文化和酒文化，整体设计给人一种古朴悠远之感。另外黄酒有暖胃活血的功效，在色彩包装上以明黄色等暖色调为主。

图 6-23　"善好"黄酒包装

四、生活用具设计

汉字是一种象形文字，每一个字都是一个独立的意义单元，我们能够感受到它的活力。"凹"字外形简洁、结构清晰，其构架与椅子相似。如图 6-24 所示，设计者依据"凹"字的特征，将坐具设计成镂空的样式。圆形具有圆满和谐之意，圆点排列在以方形线为主的凹形构架中，既增加了对比美感，也显得通灵透气。

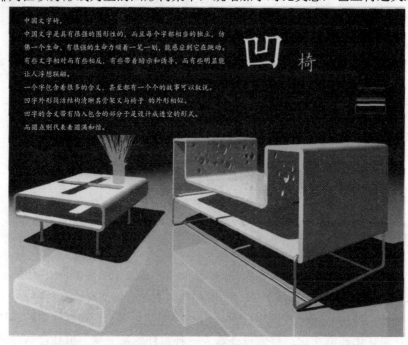

(a)

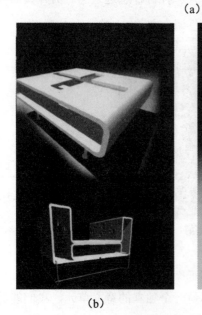

(b)

(c)

图 6-24　家具设计

图 6-25 所示的回纹与"回"字不仅形似，从某种意义上说有轮回不断、生生不息的吉祥寓意，是一种应用得非常广泛，影响非常深远的中国吉祥图案。回纹有一定的美感。

图 6-26 所示，以"回纹"作为造型的基本构架，通过一系列的变换，使造型更接近于几何线形。该产品在材料设计上以塑料为主，在色彩上进行一定程度的变化，并且在材料使用上采用不同部位使用不同材料的方法，使得器物的实用性、舒适性更得到了有效的提升，保证了产品的质量。

图 6-25　家具设计

图 6-26　陈设家具设计

图 6-27 的构思将"万"字图形拉伸变形作为吊灯造型，可以与现代厨房操作台的设计和设置进行匹配，设计者在灯具的造型光源面积上进行了加大，使使用者在操作台的每一个角落都能得到足够的照明光线，提升使用感。

图 6-28 中"回纹壁挂式搁架及家具"以"回纹"作为设计构思元素，不断起

伏的回纹框架，在转折处进行分割，产品采用金属材料使产品充满了现代感与质感，传统形式与现代功能得到了完美的结合。

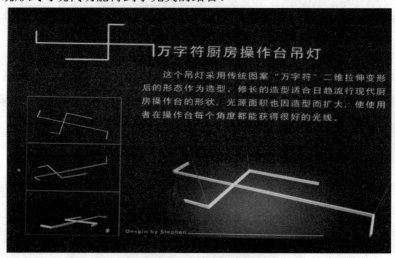

图 6-27 "万"字形吊灯造型

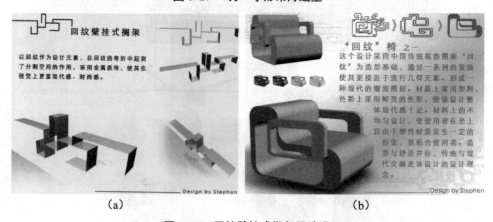

（a）　　　　　　　　　　　（b）

图 6-28 回纹壁挂式搁架及沙发

图 6-29 所示的这个产品采用"云纹"作为造型的基本元素，通过变形，使得物品的造型极具现代感，并且整个造型呈"s"型的流动性，在色彩上采用中国人喜欢的红色，给人一种喜庆吉祥的感觉。

图 6-30 所示的是采用太极元素作为造型的基础，造型的部件通过空间上的延展达到了平面和立体之间的相互转化，作者将传统的形式与现代审美及实用性进行了结合。太极阴阳鱼，一黑一白，一阴一阳，符合中国阴阳相生相克的理念，

这种朴素的哲学观继承了中国传统文化的精华，因此其设计对传承传统文化具有非常好的作用。

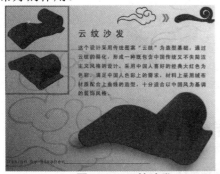

图 6-29 云纹沙发

图 6-30 太极吊灯

图 6-31 与图 6-32 展示的系列吊灯，该灯具的设计以传统的剪纸艺术为基础，使用了剪纸透空的特点，为灯具的透光性打下了基础，完美地将传统文化与现代工艺品设计结合了起来，使灯具现代感十足。

图 6-31 灯具设计

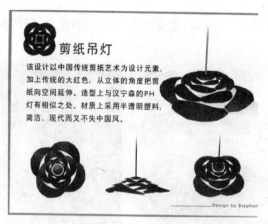

图 6-32　剪纸吊灯

　　手机是现在生活中必不可少的用品，其设计的风格，产品的造型也在不断地翻新。民族图形和图案在手机上的应用是一种新鲜的尝试，也是一种非常有必要的尝试。但是在手机的设计过程中，由于材质功能等要素的限制，其设计的潜能并不是非常广，一般来说主要是通过外部的装饰等方法，将传统的要素与手机进行结合，这是一种浅层次的尝试，更高层次的设计是在手机的整体造型上进行尝试，但是目前的技术手段使得这种设计很难实现（如图 6-33 所示）。

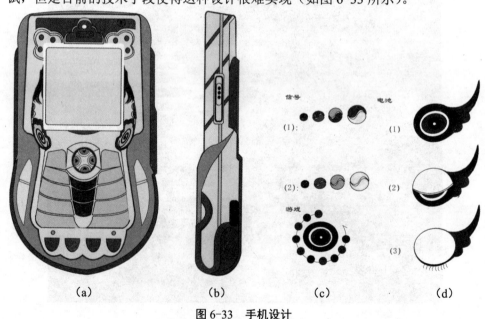

（a）　　　　　　（b）　　　　　　（c）　　　　　　（d）

图 6-33　手机设计

图 6-34 展示的是趣味产品设计——虎形纸卷和虎形睡枕。悬挂式纸卷筒纸从虎口中抽出，其造型有趣、结构简便。虎枕的一端呈虎口形，在使用时，人的脖子正好安于虎口处，其创想为在符合使用功能的情况下增添产品的趣味性。这一形态可以联想到传统的虎帽的造型，好似小孩套在老虎口中，将人化作虎，以求得虎神的保护。

● 布老虎睡枕平面展开图

虎形睡枕

● 布老虎纸巾抽 基本图形

虎形纸卷

图 6-34　趣味产品设计

第七章 新民艺元素在视觉传达文创设计中的应用案例

第一节 剪纸元素在包装文创设计中的应用

包装设计是在商品流通过程中保护商品、方便运输、促进销售，好的包装设计能更好地吸引消费者眼球，人们在购买商品时，首先看到的便是包装，好的包装会给人眼前一亮的感觉。将传统剪纸运用到月饼、石榴汁、汤圆等包装设计中，传统与现代相结合，增加商品视觉效果的同时进一步弘扬传统文化。

一、传统剪纸在月饼包装中的应用

字节跳动的月饼礼盒，多层剪纸结合传统文化的设计，让人看起来着实惊艳，木塔、仙鹤、明月，都体现了节日的氛围。很好地将传统剪纸与月饼包装相融合，提高商品价值（如图 7-1 所示）。

图 7-1　剪纸风格的月饼包装

二、传统剪纸在石榴包装中的应用

剪纸和拼贴艺术相结合的视觉概念，能唤起人们的童心，如同小时候我们经常上的手工课。石榴汁营养丰富，维生素 C 含量比苹果、梨要高出一两倍，中国传统文化视石榴为吉祥物。石榴包装与传统剪纸相结合的包装所要表达就是小时候的剪纸，小时候的石榴（如图 7-2 所示）。

图 7-2　石榴风格剪纸

三、传统剪纸在汤圆包装中的应用

汤圆是我国传统节日元宵节的必备美食，正月十五月亮圆，吃汤圆团团圆圆，一家幸福美满（如图 7-3 所示）。传统的汤圆是黑芝麻馅的，然而随着社会的不断进步，汤圆的种类越来越多，汤圆的包装也由最初的简单包装变得越来越美观且易于识别。将牡丹、喜鹊、竹子、仙鹤、鲤鱼等剪纸图案运用在汤圆包装中，不仅烘托了节日气氛，也增加了商品的趣味性。

图 7-3　元宵与剪纸

在快节奏的今天，人们对传统节日的重视度逐渐下降，将传统的传统剪纸与传统的元宵节相结合用现代的方式表现出来，吸引消费者的眼球。

将传统剪纸与现代包装设计相结合，更好地弘扬传统文化，推陈出新，有利于产品的推广，提升产品的竞争力，提升商品价值，增加企业收入。传统剪纸在我国中华传统文化中占有比较重要的位置，将中华传统与现代艺术相结合并发扬光大，是我们义不容辞的责任。

第二节　书法艺术在书籍装帧文创设计中的应用

在人类历史的长河中，书籍跨越了时间和地域的限制，记录人类历史、传承人类知识、传播人类文明。在信息化高度发展的今天，随着电子书的出现和流行，传统书籍作为人类信息载体的功能慢慢削弱，但书籍的艺术功能却在逐渐提高。人们对书籍的要求不只限于传达信息和寄托情感，对书籍装帧设计也提出了更高的标准，对现代书籍文化品位的要求也在不断提高。

书籍装帧设计是书籍造型设计的总称，包括封面、护封、环衬、扉页、插图、开本以及版式设计等。装帧设计的基本功能，一是构成书籍的形态；二是传达书籍信息诱导读者；三是使人在阅读之前就能得到艺术的享受。装帧设计应该以书稿为本，以服务书稿为基本理念，以完美地表现书稿内容为最终目的。书籍装帧设计主要包括四个要素：文字、图形、色彩和材料。在设计过程中，设计者需要综合考虑书的题材、用途和目标读者群，传递书籍的信息内容，展现书籍的丰富内涵，通过富有美感的书籍装帧设计刺激消费者的购买欲。

书籍装帧设计不是文字、图形、色彩和材料四个要素简单的叠加，而是要根据一定的表现原理和设计理念，将这些元素有机地进行组合，从而达到设计的目的。在书籍装帧设计过程中，为了实现设计效果的最优化，我们不能一味地迎合西方的设计品位、采用西方的设计元素，而应该中西结合，注重中国传统文化在设计中的应用，设计出"小同大异"、具有中国特色的书籍装帧。书法是汉字文化的重要载体，是中国文化艺术的代表。经过几千年的发展使得书法形成了丰富的表现形式，承载着深厚的民族文化内涵。将书法元素应用到书籍装帧设计中，能在视觉上给读者强大的冲击力，引起读者的感情共鸣；同时，将具有高度文化个性和艺术品位的书法应用于书籍装帧设计，能使书籍更具文化内涵和艺术品位。

一、传统书法元素在书籍装帧中的应用体现

（一）点线笔画等视觉元素在书籍装帧设计中的应用

书法艺术讲究笔法和结构，所表现的内涵是含蓄而生动的，是具有生命力的一种艺术形式。点线笔画、墨迹、印章则为书法中的视觉元素，以富有美感的艺术形式出现在书籍装帧设计中，展现了中国传统艺术之美。书法是线条的艺术，线条是构成书法的基础，更是节奏美与韵律美的展现。

（二）疏密与虚实在书籍装帧设计中的应用

书法艺术最重要的特征就是平衡，其中疏密与虚实的字形布局给人的视觉感受无不蕴含着这种平衡美。疏就是留白，密指黑的部分。疏密有致，相映生辉。字形画面有起伏对比的矛盾冲突，不会让人感到乏味。宣纸上墨黑线条的造型所带来的空白，变成了书法艺术中密不可分的一个部分。字形的空灵美靠空白体现，空白与墨黑既融为一体，又相互影响。

二、传统书法元素在书籍装帧应用中的创新

艺术的生命力在于创新。将传统书法应用于书籍装帧设计，不能固守成规，不能简单地将书法元素和西方设计理念相结合，而是要认真理解书法所包含的内涵和意境，将其和现代设计理念有机结合，在设计中要敢于尝试新技术、新工艺，创造出具有民族魅力的书籍装帧设计作品。

（一）计算机技术和书法元素的结合

计算机技术的发展，改变了各行各业的格局，颠覆了很多行业的存在形式，为许多行业的发展带来了新的契机。计算机创造出了数百种美术字体，这些字体

为设计者节省了大量的时间，使得平面设计更为高效和便捷。

（二） 色彩创新与书法元素的结合

作为视觉艺术的表现形式之一，除了线条美、结字美和章法美之外，色彩美也是书法的一大特点。色、墨是中国画的两种表现形式，墨是中国画的重要表达方式，如"墨分五色"。黑为墨色，白为宣纸留白，此外还有画龙点睛的印章红色，这三色构成了书法色彩的独特之美。

（三） 现代设计理念与书法元素的结合

随着全球一体化的发展，各国之间的文化艺术交流也日益频繁。艺术之间的学习和借鉴，使得各国的艺术在发展过程中能取长补短，实现艺术效果的最优化。作为艺术设计的一部分，书籍装帧设计也不能故步自封，不仅要学习和吸收西方先进的设计理念，也要在设计中适当地使用一些现代元素，使设计的作品能获得国外读者的心理认同。

第三节　脸谱元素在礼品文创设计中的应用

一、戏曲脸谱的含义、主要类别及作用

（一） 中国戏曲脸谱的含义

戏剧脸谱是中国传统戏曲艺术中，演员在表演时在脸上涂的一种油彩画，脸谱能表现戏曲人物的性格特征以及身份特征。在中国的戏曲表演艺术中，一张脸谱代表着非常丰富的含义，它不仅代表着戏曲人物的性格特点，同时也是戏曲审美的一个重要体现。中国上层的戏剧脸谱样式是在戏曲不断发展的过程中，保存下来的精华，戏剧脸谱线条繁杂、造型夸张、色彩鲜明，具有非常浓郁的中国文化特色。在戏曲表演中，戏曲角色的性格特征和善恶特点都是通过脸谱来表现出来的，比如红脸的关公、蓝脸的窦尔敦、黑脸的张飞等。

（二）　中国戏曲脸谱的类别

生、旦、净、末、丑是中国戏曲行当的 5 个角色种类。"生"和"旦"在戏曲中代表男、女性人物，在这两个角色类别划分之下还有很多细分，比如刀马旦、武生、小生、老生等。"生"和"旦"在戏曲中的角色特点是相对秀美端庄。"净"角、"丑"角和"末"角是男性角色的代表，这三个角色的妆容需要用纯度非常高的油彩对面部进行描绘，同时必须注重线条的勾勒，一定要流畅自然，突出戏曲角色的性格特点，在传统的戏曲表演中，脸谱画得好坏也是衡量一个演员戏曲综合水平的重要参考内容。"净"也叫花脸，是一种性格豪放、身材伟岸的男性形象，其唱腔浑厚豪放，在妆容勾勒上一般使用色彩浓烈的油彩。"末"角是老生的一种，给人的感觉是闲适恬淡，因此在妆容上较为清淡，不需要使用色彩非常强烈的油彩。"丑"角往往是戏曲中较为搞笑诙谐的形象，因此为了突出角色的人物特点，在妆容上也往往具有诙谐的特点，色彩一般以灰白为主，并在两颊和眉毛处进行描绘，此外，在鼻梁处进行豆腐块似的点缀也必不可少。

（三）　脸谱的作用

在戏曲表演兴起时，为了让观众能更加一目了然地区分戏曲角色的特点和性格特征，会形成多种多样的脸谱。后来随着戏曲表演艺术的逐步成熟，脸谱艺术也开始走向系统化，脸谱的细节以及与人物特征的结合，是脸谱艺术逐渐走向成熟的一个标志。

脸谱在戏剧中的作用，除了丰富戏剧人物的特点以外，还有着传承中华民族传统文化，传承中国戏曲文化，发扬中国传统的绘画技艺和油彩绘画的作用。脸谱是中国古代劳动人民朴素的审美传承，中国具有很多带有民族印记和劳动色彩的民间艺术，脸谱只是其中一种，当然这种具有强烈民间特色的艺术形式，在世界艺术之林中独树一帜。

（四）　脸谱的艺术特点

1. 脸谱丰富多彩的谱式

脸谱的起源，最早可以追溯到南北朝时期。南北朝时北齐的君主兰陵王，因为长得很漂亮，肤色亮白，身材挺拔，俊美似少女。因此他虽然身为武将，但是在上阵杀敌时却会遭到敌人的耻笑，说他长得像女人，不适合带兵打仗。为了能更好地震慑敌人，兰陵王做了一个非常凶恶的面具，将面具戴在脸上，在对战时冲入敌军中，使敌人闻风丧胆。现在我们形容某些人面色红润时经常说他长得好像红脸的关公，这就是小说中的面如重枣，故而在戏剧表演中关公的脸谱一般都是枣红色的。传说包拯的面色黝黑，因此在戏剧表演中包拯的脸谱一般会画成黑色。

在京剧艺术中，脸谱艺术经过长期的积淀和发展，形成了丰富多彩的形式，比如孙悟空的脸谱属于神怪类的范畴，但细说起来又可以分为南派和北派两种。"北派"一般都采用"一口钟"或是"倒栽桃"这两种勾法。在过去的演出中，由于剧目的要求，还有一种左右两半的勾法。在火焰山这场戏中，由于孙悟空要变作牛魔王，假如在电影中用特技可以实现这样的操作，但是在戏曲舞台上这样的操作是非常难以实现的，因此在画脸谱时，要一边一半分成两种不同的形式进行勾勒，将孙悟空的脸谱一半画成猴子，一半画成牛魔王。在表演的过程中，通过不同的侧面对准观众，给观众呈现不同的人物角色，在演出中，演员侧着脸用一面脸对准观众，绝不会与观众正脸而对，这是戏曲表演艺术中非常特殊的一种表演形式。

2. 二脸谱勾画方法

京剧脸谱的描绘着色方式有揉、抹、勾三类。一类是揉脸。揉脸时取一种颜色，用手指将颜色涂满面部，形成脸谱的底色，再加重眉毛，以及面部纹理的轮廓。这是一种象征性的京剧脸谱，在京剧《三国演义》中关羽所揉的红色，就属于这类。第二类是抹脸。抹脸是用毛笔蘸上白色的粉，将半面脸或者整面脸涂成白色，然后用黑色的笔将眉毛和眼睛的轮廓勾勒出来，此外皱纹也需要稍加勾画。需要注意的是勾画的眼睛眉毛以及皱纹等均用非常淡的黑色，目的是表现戏剧人物从来不以真面目示人，半真半假的性格特点，比如《三国演义》中的曹操，一般采用这种勾勒的方法，除曹操外还有赵高也是用这种方法。第三类是勾脸。勾脸是用毛笔蘸上颜色勾画眼睛、眉毛并为脸庞填充，形成色彩鲜明、五光十色的图案，凡不属于揉脸和抹脸的，一般都属于勾脸。

3. 脸谱色彩的美感

脸谱本身就是一种美学象征和美学符号，如果观众在欣赏京剧时，具有一定的美学基础和美学知识，会从脸谱中得到非常强烈的审美体验。

京剧艺术非常讲究，对色彩的运用强调色彩的拟人化，古人认为色彩本身就具有一定的性格，这其实是源于人们对色彩的移情、心理投射，比喻等。从心理学来说这是一种错觉，但是颜色确实能给人以强烈的审美感受和心理暗示，京剧脸谱艺术就是将二者进行结合的一种典范。现代歌曲《说唱脸谱》的歌词，对脸谱及其脸谱代表的性格特征进行了准确的描述："蓝脸的窦尔敦盗御马，红脸的关公战长沙，黄脸的典韦、白脸的曹操、黑脸的张飞叫喳喳。"在京剧艺术中，线条运用最多、最复杂的地方就是脸谱的勾勒。在京剧中女性角色形象的塑造非常讲究，涂脂抹粉，属于对面部颜色的调整，而贴鬓角是用来调整脸型的，是脸部的曲线，尽量呈现符合大众审美的瓜子脸、鹅蛋脸，当然有时为了表现人物的性格特征，也会进行一些特别的脸型塑造。

某些特殊脸谱的出现，其作用仅仅是在戏剧艺术中表现众多戏剧人物的形象和性格特征。这类特殊的装扮只出现在少数剧目或者是演出当中，大多数的戏剧人物不是根据人物设定的，而是演员自己勾勒的，但是画脸的基本原则必须遵守，以人物的性格和道德品质作为基础，不能将忠臣画成一副奸臣的嘴脸，将奸臣画成一副忠诚的嘴脸。随着艺术的发展，很多旧时代的审美和行业规则已经不能适应当前社会的发展形势。比如《智取威虎山》中的李勇奇、奕平，《杜鹃山》中的雷刚、温其久等人物，它们虽仍属花脸与丑行，但是他们在戏曲表演上，只是在唱腔唱词上保留袁行长的职业特点，在脸谱的勾画上已经脱离了传统勾画方式的束缚。尽管如此，脸谱作为经济艺术形成的瑰宝，其艺术魅力仍然吸引着许多艺术家，他们通过自己的奇思妙想，将京剧脸谱制作成各种精美的工艺品，描绘成精细的画册，起到继承传统文化，发扬传统文化的作用。

二、脸谱艺术在视觉表达中的表现形式

（一）脸谱艺术在视觉表达中的抽象表现

在我们的日常生活和工作中，很多视觉传达的设计是以抽象的方式来表现的，比如在工业设计中，设计师们会根据产品的特点，销售人群等，提取脸谱艺术中的不同元素进行加工和创新，然后应用到产品的设计中。设计师会以脸谱艺术作为依托，通对其背后蕴含的深层文化意蕴进行挖掘，然后将其总结归纳，集中体现在设计中。现代设计赋予了脸谱艺术新的时代含义。

比较具有代表性的脸谱表现艺术在视觉传达设计中的抽象表现的应用实例就是中国京剧院的标志。中国京剧院的标志设置从选材上说属于中国戏曲艺术中旦角的脸谱。具体来说，对旦角脸谱元素的眼部细节进行了特写，这个标志充分体现了戏曲大师梅兰芳先生手眼相生的戏曲理论，同时也体现了现代设计的原则和要素，充分展现出了京剧旦角角色的柔美温婉。中国京剧院的标识在色彩的运用上，以脸谱中的黑、白、红为基础色调体现了雍容、优雅、大气的审美观。这个标志从整体上看是一个京剧演员的经典形象，其深邃的眼神突出了演员对京剧艺术的专注和对表演的专注。梅花是在绘画与文学作品中常见的意象，梅花的寓意非常好，通常形容顽强的意志品质，梅花有 5 朵花瓣，这 5 朵花瓣暗喻京剧行业的 5 个行当，其不同的配色也与京剧行当中不同角色类型的基础脸谱色调相呼应，可以说该标志的设计借鉴了很多脸谱设计的元素。

（二）脸谱艺术在视觉传达中的具象表现

我们所说的具象表现不是对物质表面特征的重复以及照搬照抄，本质上是对其艺术特色和艺术本质进行提炼和升华，挖掘其深层次的含义和内涵。在视觉设计中具象的表现是提取具体事物中非常具有代表性和本质特点的元素，然后通过具象元素的使用和变化来表达设计的主题，体现设计的特色。从形式上来看，具象的表现方式虽然是从形式上使人产生一种强烈的视觉冲击，对观赏者的思维发散并没有什么实际的帮助，但是这种设计将内容表达得非常精准，并且让观看者不会因为对原始素材的延展设计而产生理解误区。

　　戏剧脸谱大多是色彩艳丽的。采用融合脸谱的形式，在多种色彩的加持下也变得非常多样，整体的表现力和装饰功能得到了非常明显的提升。设计师在进行视觉表达设计后，可以选取整个脸谱或者脸谱中的某个色彩元素或线条元素进行重点设计，因为京剧脸谱具有非常鲜明的艺术特色，即使截取一部分也不会让观看者产生理解方向的偏离。很多城市在市中心的广场上会直接放置脸谱的雕塑，作为城市的人文景观，这种做法不仅能突出脸谱元素的装饰作用，还能充分展示地方特色和文化底蕴。在现代产品的设计中，很多女性化妆品开始采用脸谱形式的外包装，比如备受 90 后喜爱的 SNP 脸谱面膜，该款产品在外包装上利用了中国传统的元素，比如折扇、灯笼以及包拯的脸谱。脸谱是画在脸上，起到装饰作用的一种艺术形式，化妆品是涂在脸上，用来美化容颜，二者具有相通的地方。而且古香古色的设计显得高端大气，能激发女性的购买欲望。

三、脸谱元素在文创产品设计中的应用现状

（一）旅游产品类

　　在旅游产品的设计中经常会看到脸谱元素，而且还是一系列的设计。从目前旅游产品中的脸谱设计元素看，大多数是简单的复制，将脸谱作为一种简单的设计元素，加入产品的设计中，并且做工相对粗糙，材质不精良，生搬硬套，让人觉得非常尴尬。比如脸谱元素的系列应用在三国五虎将的杯垫（如图 7-4 所示）中时，该产品的设计并没有任何创新之处，只是简单地将脸谱印在杯垫表面，虽然看上去有传统特色，但实际上并不具备传统文化的内涵，这种死板的设计一开始可能会得到消费者的认可，但很容易让人产生厌烦的感觉。当前脸谱元素的旅游纪念品大多存在这样的问题，即产品的实用功能与脸谱要素的结合不紧密，设计不够巧妙，在色彩搭配宣传上缺乏推敲。总地来说，缺乏创造性是目前脸谱元素在旅游产品设计领域的核心不足之处，其后果就是成品存在严重的缺陷，不能满足消费者的文化追求，不能体现旅游地区的文化特色。

图 7-4　脸谱杯垫

（二）文具产品类

随着我国教育文化市场的不断繁荣和市场改革的不断深入，教育文化市场领域的经济形态在不断发生变化。为了吸引消费者的眼光，促进消费者的消费，很多儿童文具产品开始将脸谱元素作为文具用品设计的一个重要辨识元素。以图7-5 为例，脸谱国粹系列文具就是以脸谱文具包装为选题，根据人们的喜好和心理接受特点，利用脸谱以及部分要素对文具进行文化创意设计，这种设计从产品本身蔓延到产品的外包装。每当一种传统的文化要素得到社会的认可，或者在某种大型活动上得到人们的喜爱时，它们会被贴在各类产品的包装表面。这是一种非常低端的文化开发与利用形式，当某种艺术元素变成一种标签甚至是一种贴纸被人们利用时，这种艺术元素就会影响人们的审美，像小广告一样难以根治，将非常美好的一种文化元素或者文化意象逐渐推向边缘化，直到被人们冷落。

图 7-5　印象中国系列文具

虽然，脸谱元素的应用在生活中已随处可见，但是怎么样解析、利用并创新脸谱元素在设计中的应用，是值得大家思考的问题。

四、脸谱元素在文创产品设计中的创新

将脸谱元素运用到现代产品设计中，必须结合现代设计理念，对脸谱元素进行创新。这就需要设计者对脸谱元素的平面及色彩进行分离、切割、错位、变异、打散、群化、互衬、重构等表现形式与新技巧的创新，使其既具有中国传统文化符号的形、神、韵，又具有现代设计的意味。

在包豪斯的设计基础上，我们耳熟能详的三大构成，即：平面构成、色彩构成、立体构成，无疑都在产品设计中有所体现。在脸谱元素中，最能给人视觉冲击力的便是它独特而又鲜明的色彩构成。通过脸谱色彩能直观地识别出人物的忠、奸、善、恶、礼、义、廉、耻等特征。脸谱的色彩或对比、或呼应、或点缀、或对称、或均衡、或变化、或统一、或节奏等都很好地运用了艺术形式美的法则，并将脸谱中的点、线、面、色块在符合人物性格的前提下做到繁简相宜，夸张有趣。这绝不是一朝一夕、灵机一动就可以达到的。脸谱的图式化过程一定是经过了漫长时间，在前人不断提炼、不断修正后，才逐渐发展到今天的。色彩是产品设计中的重要元素和不可或缺的组成部分，巧妙而灵活地运用脸谱元素中的色彩，可以极大提升设计作品的艺术魅力和价值。利用脸谱中的色彩元素创新设计，结合脸谱艺术在形式、色彩、布局等视觉的形式规律，从中吸取营养，并运用在设计中，体现出中华民族深厚的文化底蕴，散发出一定的艺术魅力。

如今，在产品设计中真正体现脸谱元素独特魅力的产品极少，设计师们一直在模仿脸谱的样式，却始终无法超越真正的脸谱，归根结底是无法提炼出脸谱元素神韵并加以创新设计。脸谱元素在产品设计中的创新设计方法有很多种，可与三大构成、设计基础构成：平面构成、色彩构成、立体构成；绘画基础构成即点、线、面相结合，提炼出新的设计方法，创造出多元化的产品。

（一）对比调和——型之结构

脸谱以其用色大胆而著称，以简洁概括的方式对色彩进行组合搭配，注重色彩的强烈对比，善于运用明度、纯度极高的色彩进行搭配对比，视觉效果突出醒目。对比与调和在戏曲脸谱的色彩表现中是相辅相成的。在脸谱中常常出现的对比色，可显示出人物性格、心理等特征，而我们在设计产品时，也利用色彩的对比巧妙地体现产品的装饰性，并与结构造型的形式穿插在产品中担任起一定的功能或作用，脸谱元素在产品设计中担负起了除了视觉效果之外的更有价值意义的设计作用。产品的视觉效果是在色彩对比中得出的，在对比中使产品的形态、造型、结构的特征更为明确而强烈。在产品设计中也可以利用脸谱色相的对比为产品增添光彩，并与材料、机理相互结合，就可体现出一款产品的高端与品质。从 new balance 576 脸谱跑鞋（如图 7-6 所示）中，其中黄、绿色是脸谱元素中少有的对比形式，鞋体以绿色为主，黄色为辅，期间又穿插黑白两色为衬托，并利用产品的不同材质来划分色彩，又在 logo 处创新了一个现代人的脸谱，鞋底的颜色也与鞋面的颜色进行对比呼应。此款鞋很好地利用了脸谱色彩的对比，一眼就能让人感受到产品的创新意识并与脸谱结合得恰到好处，凸显出了脸谱色彩的神韵并体现出跑鞋的流线型和运动感。

图 7-6　new balance 576 脸谱跑鞋

（二）再现重构——形之重塑

平面构成是现代设计基础的重要组成部分，主要是运用点、线、面组成。而点、线、面又是产品造型元素中最基本的形象元素。从戏曲脸谱的谱式能看出其具有平面艺术的表现形式，是将点、线、面、色按一定章法组织而成的图案造型。脸谱将西方的平面构成艺术体系同中国传统文化精髓充分融合到了一起。而如今生活中出现的脸谱产品，只是把脸谱元素作为产品的一种常用的装饰手段。脸谱元素应被抽象化地提炼，并更多地与产品的使用情景、功能相结合，既不失审美效果又能与产品相辅相成。脸谱元素再现的表现形式应更多地将元素做立体的造型化设计，而不仅限于平面装饰的样式，或在产品造型的局部融合脸谱元素的抽象造型，这种运用是以敷衍为前提的，并非是选取脸谱元素做创新设计。在中国设计迈向国际化的大背景下，脸谱元素已成为国际大师们的灵感来源。例如：宝马"BMW 之悦"（如图 7-7 所示），突破了传统思维并加以创新脸谱。在"BMW之悦"的创意中可以看到众多的中国元素，取脸谱元素的"形"为创意进而设计车。宝马汽车的前脸融入了京剧脸谱的五官，并将蓝白相间的车身变成窦尔敦脸上的油彩，重构了一个形神兼具，给人耳目一新之感的车型。车的整体造型既满足了国际审美需求，又充分展现了其文化底蕴，并彰显其独特的个性。脸谱元素在此车的设计中，"离形"重塑同我们所说的"重神似而轻形似"的美学思想有异曲同工之妙。这是将脸谱元素进行创新设计的一个非常成功的案例。不仅活灵活现地运用了脸谱的独特色彩，而且取之脸谱的"形"，将产品分割重构来为车的外观造型做了与众不同的现代脸谱创新设计。

图 7-7　BMW 之悦

第四节　民间造型元素在卡通吉祥物
文创设计中的应用

一、中国传统卡通人物的研究

中国传统人物造型有其独特的气韵和造型特点，其丰富的文化内涵和独特的民族气质更是凝聚了中华民族数千年的智慧。想要对中国传统人物造型进行现代化的创意设计，必须要系统地学习传统知识，提升自己的文化修养，将中华民族特有的精神风貌呈现在人们面前。下面我们以卡通人物形象的创造为例，对中国传统人物造型与现代卡通设计的融合进行分析与解剖。

（一）点线面的应用

通过学习基本的美术常识，我们知道在美术作品的创作中，任何事物的构成无外乎是点、线、面。点、线、面作为美术创作的基础性结构单元，对其进行分析与研究，能有效提升我们对整体作品的构图把握和精神内涵的表达。比如在人和静物等食物的美术表达中将这三个元素合理恰当地运用，能保证画面的协调性，也能保证布局的协调性，加上点、面、线的合理布局能够对物体比例和透视关系进行更好地把握，从而让一幅艺术作品的表现力更加通透。在中国传统卡通人物形象的塑造和表现上，要凸显点、线、面的统一性，这一点对作品整体质量的提升非常关键。比如在传统人物造型中，其服饰和所佩戴的饰物，适当地运用夸张的修饰，能非常鲜明地体现出人物的个性特征以及职业特征，使整幅作品的表现力更加丰富。点在人物形象创造中是非常重要的一笔，点在相同的方向连接形成了线条，而线条作为人物造型表现的最基础的元素，是表现人物特点和人物造型的重中之重，合理地规划点的布局，保证线条的流畅性非常重要。对点进行小范围、小规律的排列便形成了面，而面决定了画面整体的秩序感，是协调整幅画面的关键，因此在人物造型设计中也要非常注重面的应用。

在对传统的人物造型进行卡通设计之前，必须要探究传统人物在造型上的特点，体会人物造型之间的点、线、面的关系，以及三者在整幅画面当中发挥的作用，对三个元素进行科学合理的安排和布局，从而体现出传统人物特有的形象特点。如国产动漫《哪吒》创作的元始天尊卡通形象（如图 7-8 所示），元始天尊这一卡通形象在人物头部用白发体现出卡通人物的身份特征；随风飘动的衣服和袖子体现了面要素的特点，这一特点形成了人物造型风格的流畅性。点、线、面这三个要素在整个画面中的合理布局，协调地运用，使人物形象更加丰满，人物的特点也更加突出。此外，紧闭的双眼和飘飘的白发体现了神仙人物的思虑高深和仙风道骨，栩栩如生的形象跃然纸上。

图 7-8　元始天尊

（二）颜色的合理运用

颜色是一幅画面中的基本构成元素，也是一幅作品给人感官最强烈的一个创作要素。从物理学的角度来说，颜色之所以能被人眼捕捉到，是因为光的反射。从心理学的角度来说，颜色对人的心理和情绪会有一定的影响，能从细微处表现出人物的内心活动，并且能起到衬托画面、烘托氛围的作用。

鲜明的色彩是塑造卡通形象非常重要的元素，在卡通人物形象的表达中占据了非常重要的位置。卡通人物形象想要呈现出独特的精神面貌和独具特色的人物形象，必须要依靠颜色，个性化的颜色设计和颜色配置在卡通人物形象的塑造中必不可少。虽然卡通人物形象的塑造对颜色设计的要求比较高，但是同其他艺术作品的创作相比仍然具有不同之处，其色彩要求要遵循基本的创作原则。

中国在艺术作品中有着独具特色的色彩表达方式，在传统绘画艺术中有着非常强烈的体现，无论是强烈的色彩对比，还是云淡风轻似的色彩表达，都带有非常鲜明的中国特色，是一种非常独特的文化标识。将这些配色的风格和技法用在现代卡通人物形象表达上，能充分体现出中国传统人物造型的特征。比如我国的敦煌壁画，在现代工艺品设计中很多产品都借鉴和利用了敦煌壁画的色彩搭配，取得了非常好的市场反响。

（三）卡通艺术风格

在卡通人物形象的塑造中，人物的风格、画面的整体性、布局的协调性等，都对整个作品的艺术呈现起到至关重要的作用。卡通艺术风格形式多种多样，无论是具体的形象表达，还是抽象的精神概括，都包括在其中。卡通人物形象设计在商业性、艺术性方面也有所区别，商业化的卡通人物形象要受到大众的追捧和欢迎，多采用可爱的人物造型，而艺术性的卡通人物形象塑造需要承载更多的精神内涵和文化内涵，因此对文化底蕴的追求更加严苛。从目前的卡通人物形象创造来说，Q版的创作方式成为卡通形象创作的主体流派，其风格特点主要是抽象、夸张、高度提炼、高度概括，人物造型相对简单，肢体动作滑稽，表情可爱丰富，非常迎合时代审美特征。在卡通人物形象创作中，我们可以充分借鉴中国传统文化中的各种要素，通过相应的艺术表达方式，对卡通人物形象进行二次创作。但是想要创造出极具中国特色并且受到大众欢迎的传统人物卡通形象，不仅要充分借鉴和利用传统的创作元素和创作手法，还必须结合现代设计的基本理念和设计技术，只有这样才能更好地将传统文化要素与现代审美结合起来。

（四）服装饰品道具的运用

中国传统服饰偏小，并且非常琐碎，有各种各样的配置，并且从样式、质感以及图案和颜色上来说都是非常具有艺术特点的，想要完美地还原这些传统文化要素，必须要进行精巧的设计。古代的服饰从总体上可以分为两种，一种是衣与裳分开，另一种是衣裳同体。在古代，服饰有着严格的阶级差别和等级差距，比如皇帝穿龙袍，大臣穿蟒袍、鹤服、飞鱼服等，文人一般穿长衫，直接参与劳动的社会底层一般穿短打。唐代画家阎立本所作的《历代帝王图》极其真实地描绘了13位皇帝的人物形象，以及随从官员的服装和装饰品，呈现出了非常森严的等级服饰穿着制度。从装饰上来说，冷兵器时代的将领与士兵的穿戴也是有很大差别的，士兵们的服饰更加注重行动的灵活性和防护的坚韧性。中国武侠小说中的人物穿戴，大部分是将普通百姓以和武将的穿着结合起来形成的一种服饰文化，比如下面的二郎神形象（如图7-9所示）。

图 7-9　二郎神卡通形象

中国古代神话传说中的人物形象二郎神，原名杨戬，是道教重要的神仙。在设计二郎神的服饰时，参考了古代将士的穿戴，从头饰、盔甲、披风、护腕、腰带，以及兵器的配置等都有针对性地进行了传统文化的溯源分析，力求能将中国古代服饰的特点体现在人物造型上，特别是头饰与普通的士兵有很大的区别，这一点需要着重体现。此外，腰带和裙摆的设计在整个画面中起到了烘托气氛和画龙点睛的作用，目的是突出衣袋飘飘的神仙形象和英武不凡的造型特点。

在不同的历史时期，各个民族的传统服饰和佩戴的饰物，显示了不同的时代背景和审美特点。人物的穿着和配饰大多与当时的时代背景紧密相关，帝王与嫔妃、大臣、宫女、宦官的地位都是通过服饰来进行直观化的体现。利用卡通形象的造型特点与中国传统文化历史背景相结合，创造具有丰富的时代特点、民族特色的卡通人物形象，使人们能通过卡通形象以及卡通形象中的特点联想到当时的历史文化背景，这是传统卡通人物形象塑造的终极追求。卡通艺术极具表现力的艺术手法得到了广大人民群众的喜爱，美术工作者在进行传统卡通形象的塑造过程中要去粗取精，去除传统文化中的糟粕以及毫无意义的部分，根据作品的风格科学合理地配置卡通形象的服饰。

（五）人物动作和表情的体现

艺术作品无论进行何种精准程度的塑造，如果缺失了文化内涵和精神内涵，那么就很难被称为是一个好的作品。因为作品的内在意义和深度是通过情感与动作来传达给观者的。想要创造中国传统人物形象与卡通形象相结合的具有独特艺术魅力的卡通形象，在进行卡通人物塑造之初，就必须要深刻地认识传统人物的性格特点、造型特点，仔细揣摩其内心情感，将这些要素通过线条、构图、色彩等要素表达出来。对人物的基本特点有一个系统化的掌握后，通过现代艺术设计的方法，对其肢体动作进行合理的设计，从而更好地体现作品人物的形象特征和情感特征。

表情是传递感情最直观的造型要素，在欣赏作品时，我们首先通过人物的表情来揣测其内心的情感特征。在卡通人物形象塑造中表情的拿捏向来是创作的难点，也是最具挑战性的部分，因为卡通人物的表情不仅需要进行简化和概括，并且还要表达出作品人物丰富的内心特点和性格特点，想要将二者完美地结合起来并不容易达成。

京剧脸谱、人像雕塑都是中华民族传统艺术中独特的表情艺术作品，通过这些艺术作品，我们可以揣测造型人物独特的社会职业，社会身份。在这群卡通人物形象表情的塑造中，我们一定要充分借鉴和吸收中国各种民间艺术中的精华，为创造深入人心的卡通人物形象打下良好、坚实的文化基础。

二、民间造型元素在卡通形象设计中的应用

我国民间艺术和美术工艺中的各种纹路元素、造型元素，经常被相关的行业人士应用到各种各样的产品设计以及营销推广领域。其中动画艺术的应用尤为突出，20 世纪末，上海电影美术制片厂创作了一批极具中国艺术特色的卡通形象，得到了国际社会和我国人民的一致认同，如《大闹天宫》中的孙悟空、《九色鹿》中的敦煌鹿造型。动画作为人们喜闻乐见的一种媒体传播方式，深受我国人民，尤其是青少年儿童的喜爱。从社会功能上说，由于动画受众广泛且以青少年群体为主，因此动画必须肩负起自己的社会责任，肩负起自己的文化使命，为成年观众群体提供文化享受，为未成年观众群体提供文化启蒙。在对我国传统美术要素进行卡通化设计的过程中，首先要对民间传统美术造型的历史背景，人物故事的发展脉络，进行深入的了解与剖析。其次要大量观摩我国传统艺术塑造的特点，

抓住民间传统艺术的本质特点，通过个人的提炼与创造，将这些古老的文化要素进行现代化的诠释。

兵马俑是民间传统美术设计中的瑰宝，具有非常高的文化价值，同时也具有非常突出的民族特色。兵马俑的造型设计是以写实设计风格为基础，在写实的风格上辅以世俗的夸张，对突出的部位进行特色化的设计，对人物整体形象的高、矮、胖、瘦进行区别化的设计。在对兵马俑进行设计时，要充分抓住兵马俑的突出的民族特色和文化内涵，综合应用夸张、写实、对比等不同的艺术设计手法，通过线条颜色的合理搭配和应用，塑造出符合现代人审美的兵马俑卡通形象。

参 考 文 献

[1] 陈绘. 数字时代视觉传达设计研究[M]. 南京：东南大学出版社，2015.

[2] 陈明. 书法平面构成[M]. 合肥：合肥工业大学出版社，2015.

[3] 崔生国. 图形设计[M]. 上海：上海人民美术出版社，2015.

[4] 崔唯. 视觉传达色彩设计[M]. 北京：中国青年出版社，2008.

[5] 窦维平，马英俊. 视觉设计色彩[M]. 南京：东南大学出版社，2006.

[6] 杜士英. 视觉传达设计原理(升级版)[M]. 上海：上海人民美术出版社，
2018.

[7] 高品. 广告视觉元素应用与拓展[M]. 沈阳：东北大学出版社，2015.

[8] 郭琳，史荣利，单文霞. 民间美术与设计[M]. 上海：上海科学技术文献
出版社.

[9] 郭晓霞. 视觉设计[M]. 天津：南开大学出版社，2014.

[10] 何家辉. 中国书画与设计[M]. 武汉：武汉大学出版社，2015.

[11] 霍夫曼，李梁军. 全球化设计：未来或者幻想[M]. 武汉：湖北美术出
版社，2009.

[12] 季铁. 汉字设计[M]. 长沙：湖南大学出版社，2003.

[13] 蒋广喜. 色彩视觉表现：设计色彩[M]. 天津：天津大学出版社，2010.

[14] 蒋蕾，万瑶，李平平. 传统文化与现代广告设计[M]. 长春：吉林美术
出版社，2018.

[15] 荆爱珍. 中国传统文化与创意设计[M]. 北京：机械工业出版社，2018.

[16] 李鸿明，赵天华. 视觉传达设计[M]. 成都：电子科技大学出版社，2016.

[17] 李鸿祥. 视觉文化研究：当代视觉文化与中国传统审美文化[M]. 上海：东方出版中心，2005.

[18] 李洁，王博. 图形创意[M]. 北京：中国建筑工业出版社，2015.

[19] 李雷，马靖. 视觉传达设计探究[M]. 广州：世界图书出版公司，2017.

[20] 柳林，赵全宜. 吉思广寓：吉祥图形新视觉[M]. 武汉：武汉大学出版社，2005.

[21] 芦影. 视觉思维与设计创意[M]. 北京：中国传媒大学出版社，2012.

[22] 苗延荣. 中国民族艺术设计概论[M]. 北京：人民美术出版社，2014.

[23] 庞蕾. 视觉形态[M]. 南京：江苏美术出版社，2007.

[24] 曲扶犁，巫丽红，田甜，等. 版式设计[M]. 武汉：华中科技大学出版社，2018.

[25] 孙德明. 中国传统文化与当代设计[M]. 北京：社会科学文献出版社，2015.

[26] 王秀梅. 图形创意[M]. 北京：人民邮电出版社，2018.

[27] 王志平. 中国传统文化与视觉艺术精神研究[M]. 西安：陕西人民出版社，2009.

[28] 向怀林. 中国传统文化要述[M]. 重庆：重庆大学出版社，2016.

[29] 尹笑非. 中国民间传统吉祥图像的理论阐释[M]. 上海：上海书店出版社，2009.

[30] 原研哉. 设计中的设计[M]. 纪江红，译. 桂林：广西师范大学出版社，2010.

[31] 曾景祥. 中国书画与现代平面设计[M]. 北京：高等教育出版社，2012.

[32] 张娴. 汉字文化与现代平面设计[M]. 长沙：湖南师范大学出版社，2014.

[33] 张毅，王立峰. 字体设计[M]. 重庆：重庆大学出版社，2016.

[34] 张战天，冯宪伟，王一涵. 字体设计[M]. 成都：西南交通大学出版社，2016.

[35] 朱永明，钟健. 传统汉字图像艺术[M]. 南京：南京大学出版社，2015.

[36] 朱永明. 视觉语言探析：符号化的图像形态与意义[M]. 南京：南京大学出版社，2011.